Thomas Widmer
Hundertundein Stein

Thomas Widmer

Hundertundein Stein

Die grossen Brocken der Schweiz
Mit Fotografien von Georg Aerni

Echtzeit Verlag

Mein Jahr des Steins

Ich bin Bürger von Stein im Appenzellerland und daselbst aufgewachsen. Dass ich nun ein Buch über Steine vorlege, ist daraus nicht herleitbar. Dazu bedurfte es einer stärkeren Motivation.

Denn die Exkursionen häuften sich und führten mich des öftern in abgelegenes Gelände; nicht immer war das Wetter günstig. Bei minus sieben Grad zog ich im Grenzgebiet der Kantone Waadt und Freiburg zur Pierre du Dos à l'Âne. Tropfnass wurde ich nah der französischen Grenze bei Lucelle, als mich ein Wolkenbruch überraschte; wenigstens traf mich dort bei der Fille de Mai nicht der Blitz. Und als ich im Hochsommer auf der Suche nach lepontischen Inschriften durch das Malcantone-Dörflein Aranno streifte, kam ich einem Sonnenstich nahe.

Bei alledem war mir die Arbeit an *Hundertundein Stein* eine Freude. Die Lust des Entdeckens trieb mich vorwärts, die Begeisterung vor Ort war gross. Zum Beispiel, als ich oberhalb von Neuenburg im Wald den Pierrabot erblickte, einen schräg aufgestellten, tonnenschweren Findling mit einem Sitzbänkli darunter, auf dem Platz zu nehmen meinen ganzen Mut verlangte. Abenteuerlich war mein Jahr des Steins.

Mindestens drei Dinge trieben mich an. Erstens stellte ich fest, dass das Gros der Steine, die ich mir erwählt hatte, den meisten meiner Freundinnen und Freunde unbekannt war. Sasso del Diavolo? Nie gehört! Zweitens sind Steine bei all ihrer Kühle und Härte Wesen mit Charisma, Ausstrahlung, einem Zauber. Etwas Drittes befeuerte mich: die Geschichten, die mit Steinen verbunden sind. Manche sind starke Kost. Diejenige etwa vom *Blackvogel,* der oberhalb Giswil auf einem Stein ein Kleinkind verspeist. Der Stein heisst Gnagistein.

Aufgenommen in mein Buch wurden Steine, um die sich solche Sagen ranken. Oder aber historische oder kuriose Begebenheiten. Die Steine, die ich ausgewählt habe, sind Persönlichkeiten. Fast alle tragen sie einen Namen, der allein in manchen Fällen mich zur Visite bewog; wenn ein Riesenklotz im Pfynwald im Wallis «Mörderstein» heisst, muss man doch einfach hin. Unter meinen Einträgen, die alle Kantone betreffen, finden sich aber auch einige wenige Steine, die Teil eines Ensembles sind. Bei den gravierten Felsplatten von Carschenna über Thusis wäre es sinnlos, eine einzelne herauszugreifen.

Die Leute, die mir Tipps und Informationen gaben, sind in der Danksagung aufgeführt; falls ich jemanden vergessen habe, entschuldige ich mich.

Dem Projekt zugrunde liegt als Ideenquelle das Steininventar (ssdi.ch), das auf Meldungen aus den Kantonen beruht. Ich nahm mir jene Steine im Inventar vor, deren Namen vielversprechend klangen. Ausserdem durchforstete ich das Internet und konsultierte Heimatbücher und Wanderführer. Dazu kamen jene Steine, die ich auf meinen Wanderungen kennengelernt hatte. Neun Steine finden sich auch in meinem letzten Buch *Schweizer Wunder*. Die Internetseite (https://101stein.blogspot.com) präsentiert meine Schnappschüsse aller 101 Steine. Im Buch selber illustrieren Aufnahmen von Georg Aerni ausgewählte Steine; es freut mich ungemein, dass der renommierte Fotokünstler bei dem Unterfangen dabei ist.

Am Ende hätte *Hundertundein Stein* auch 202 Einträge umfassen können. Jedenfalls aber dürfen der Leser und die Leserin nicht meinen, ich hätte sämtliche wichtigen Steine der Schweiz porträtiert. Die Reise geht weiter. In diesem Sinne: Wer mir einen weiteren bemerkenswerten Stein melden oder mich sonst erreichen will, tut dies über widmerwandertweiter@yahoo.de

Mein Dank geht an folgende Leute: Georg Aerni, Birgit Althaler, Jost auf der Maur, Arno Balzarini, Kurt Bänteli, Marlis und Stefan Brauchli, Jonas Briner,

Yve Delaquis, Daniel Dunkel, Catherine Duttweiler, Erika Furrer-Glauser, Carole Giraudi, Wendelin Hess, Reto Heygel, Marianne Jeker, Eduard Joos, Georg Ledergerber, Andreas Motschi, Harry Nussbaumer, Fulvio Pelli, Christian Poo, Brigitte Purtschert-Heller, Anina Rütsche, Jürg Schaufelberger, Markus Schneider, Regula Steinhauser-Zimmermann, Georg Strasser, Matylda Walczak, Irène Weitz-Busch, Jesse Wyss, Stephan Wyss.

Koordinaten: Im Buch werden die Schweizer Landeskoordinaten verwendet, auch CH1903, LV03 oder SWISS GRID genannt. Zwei sechsstellige Zahlen bezeichnen jeweils präzis den Ort, um den es geht. Auf der Karte von schweizmobil.ch oder auch auf map.geo.admin.ch können wir die Koordinaten eingeben und landen am richtigen Punkt.

Thomas Widmer, im Frühling 2019

Alle 101 Steine — 9 bis 275
Glossar — 277
Index nach Kantonen — 279
Index alphabetisch — 285

Vogel frisst Baby
650941 — **Gnagistein** — 185925
(OW)

Immer wieder ein Erlebnis: die Postautofahrt über den Glaubenbielenpass von Sörenberg nach Giswil. Die Strasse, im Zweiten Weltkrieg unter Mitwirkung polnischer und russischer Internierter begonnen, wurde 1965 fertiggestellt und erhielt einen passenden Namen: «Panoramastrasse». Kurz bevor wir, bereits auf der Giswiler Seite des Überganges, die Mörlialp erreichen, passieren wir einen grossen Stein bergseits der Strasse. Einen Nagelfluhblock. Es ist der Gnagistein, der wohl vom Berghang herunterkollerte. Mit ihm ist eine Sage verbunden, die grausamer nicht sein könnte.

Einst lebte in dem Gebiet ein Senn, der das Vieh traktierte, Gott lästerte und die armen Leute mit Hunden verjagte. Zur Strafe wurde er in ein Krähengetier verwandelt, das die Menschen *Möörli-Blackvogel* nannten. Der *Blackvogel* liebte es, die Kühe auf den Weiden zu attackieren und zu versprengen. Eines Nachts begab er sich hinab nach Giswil. Dort regte sich am Kilchweg eine Mutter darüber auf, dass ihr kaum dreijähriges Kind nicht zu weinen aufhören wollte. Als *Nachtbuben* draussen vorbeigingen, drohte sie ihrem Kind, sie werde es den frechen Buben mitgeben, wenn es nicht still sei. Das Kind weinte weiter, die Mutter reichte es durchs Fenster ins Freie, einer der Buben spielte mit und nahm es ihr ab. Meinte sie. Bis sie feststellte, dass keiner der Buben das Kind hielt. Vielmehr hatte es sich der *Blackvogel* gekrallt. Hoch in der Luft hörte man das Kind nun *greinen,* und der Ruf des Vogels ertönte: «*Im Möörligrabä, det will is gnagä.*»

Tatsächlich fand ein Knecht auf dem Stein nah der Mörlialp, der seither Gnagistein heisst, am nächsten Tag die baren Knochen des Kindes, rot war der Stein vom Blut. Der Knecht trug die Knochen in einem Tuch talwärts und begrub sie auf dem Kirchhof von Giswil. Das Ungeheuer, das das Kind gefressen hatte, konnte man nie erjagen. So weit diese Geschichte aus dem Kanton Obwalden, die vom Horror-Grossmeister Stephen King stammen könnte.

Völker, hört ihr die Signale?
567762 — **Pierre Bergère** — 107754
(VS)

Im Sommer 1895 schleppt in Salvan in der Vallée du Trient ein junger Mann aus Italien, assistiert von einem Knaben aus dem Dorf, mysteriöse Apparaturen und Antennen in der Gegend herum. Der Knabe ist Maurice Gay-Balmaz, er ist zehn Jahre alt. Bei dem

Italiener handelt es sich um Guglielmo Marconi, späterer Nobelpreisträger für Physik und Pionier des Radios. Damals ist der Sohn eines italienischen Landadeligen und einer Irin aus der Whiskey-Dynastie JAMESON 21 Jahre alt. Marconi hat ein grosses Interesse für die Naturwissenschaften. Er kennt die Theorie der Elektrodynamik von James Clerk Maxwell, die von Wellen im Raum ausgeht, die sich mit Lichtgeschwindigkeit fortpflanzen. Und er weiss um die Experimente von Heinrich Hertz, der eine Apparatur ersonnen hat, um solche Wellen auszusenden und wieder zu empfangen. Es liegt nahe, die Wellen zur Nachrichtenübermittlung zu nutzen – bloss wie genau?

Marconi, der in Salvan die Ferien verbringt, heuert den Knaben Maurice an, als der ihm zuschaut. In den folgenden Wochen sind die zwei permanent unterwegs. Nach langer Schräubelei und vielen Änderungen am Sender und am Empfänger gelingt es Marconi, ein Signal über wenige Meter zu senden. Bald wächst die Distanz zwischen ihm und seinem Helfer, der schliesslich anderthalb Kilometer entfernt steht; die beiden verständigen sich mit Flaggen.

So hat es begonnen im Jahr 1895. Dass praktisch zeitgleich in Russland ein gewisser Alexander Stepanowitsch Popow – ebenfalls mit Erfolg – denselben

Weg beschritt, ist bis heute wenig bekannt. Aus guten Gründen. Marconi wirkte erstens in Westeuropa, das in jener Epoche euphorisch technische Fortschritte begrüsste, während Russland in relativer Abgeschlossenheit stagnierte. Zweitens gründete Marconi bald die MARCONI WIRELESS AND TELEGRAPH COMPANY OF AMERICA und trieb die kommerzielle Verwertung seiner Erfindung voran. Ihr Aufstieg begründete seinen weltumspannenden Ruhm.

In Salvan wird Marconi heutzutage ausgiebig gefeiert, es gibt einen Rundgang mit Tafeln und ein Museum am Dorfplatz. Und natürlich ist da die Pierre Bergère, der Schäferinnenstein, ein Findling auf einem Felssporn 40 Meter Luftlinie östlich der Kirche. Eine Metalltreppe führt zur Plattform auf neun Metern, die den perfekten Blick übers Dorf zu den hohen Bergen rundum gewährt. Gleich drei Plaketten bezeugen an der Pierre Bergère, dass von ihr aus Marconi drahtlose Signale aussendete, die sein junger Assistent auffing.

Maurice Gay-Balmaz machte später eine Schreinerlehre, verbrachte sein ganzes Leben in Salvan und starb 1975. Marconi hatte ihn damals nicht vergessen; als er zurück in Italien war, lud er Maurice per Brief ein, ihn in Rom zu besuchen. Dessen Eltern erlaubten es nicht. Das habe ihn stets geschmerzt, erzählte Maurice Gay-Balmaz im Alter. Die Geschichte des ungleichen Duos: perfekter Stoff für einen Drehbuchschreiber.

Wandern: von Vernayaz nah Martigny in knapp zwei Stunden auf der alten Postkutschenstrasse mit ihren unzähligen Kehren hinauf nach Salvan.

Wenn Schaffhauser hassen
609575 — **Sühnekreuz** — 230760
(SO)

Graues Kreuz, blutige Geschichte. Wir fahren im Zug bis «Bei den Weihern», einem Weiler der Gemeinde Riedholz unweit der Stadt Solothurn, und folgen der entschwindenden Bahn auf der Strasse parallel zum Schienenstrang. Nach der Autogarage zweigt rechts eine Strasse ab, in der Ecke steht am Waldrand das Sühnekreuz, auf dem eine Plakette die historische Begebenheit wiedergibt, um die es hier geht. Am 25. Januar 1659 kam es an dieser Stelle, beim Hof des Peter Remund, zu einer Konfrontation, bei der zwei der vier Beteiligten starben. Auf der einen Seite kam der Herr um, der Major Heinrich Imthurn, auf der anderen der Diener, Jakob Guggerli. Umgekehrt gesagt: Auf der einen Seite überlebte der Diener, Niklaus Grau, auf der anderen der Herr, Hauptmann Christoph Ziegler.

Die Feindschaft zwischen den Imthurn und den Ziegler, beides Schaffhauser Patrizierfamilien, hatte lange geschwelt. Jahre vor dem Duell strebte einer der Ziegler in Schaffhausen ein hohes Amt an; ein Imthurn verlas daraufhin eine Klageschrift, die den Kandidaten der Bestechlichkeit, der Missachtung der Sittengesetze, der unrechtmässigen Bereicherung bezichtigte. Es kam zu Prügeleien.

1659 waren sowohl Heinrich Imthurn als auch Christoph Ziegler Offiziere des französischen Königs. Beide hatten sie Urlaub, Imthurn stieg auf dem Rückweg von Frankreich in Solothurn beim französischen Gesandten ab. Ziegler argwöhnte, Imthurn wolle die Franzosen dazu bewegen, ihm seine Kompanie wegzunehmen. Am Morgen des 25. Januar traf er in Solothurn ein und schickte seinen Diener zu Imthurn mit einem Brief, der ein Duell forderte.

Man traf sich hoch zu Ross, die geladenen Pistolen in Händen. Schüsse krachten, Imthurn wurde am Kopf getroffen und war tot. Auf der anderen Seite liess der Diener Guggerli sein Leben; offenbar hatten sich parallel zu den Herren auch die Diener duelliert. Ziegler und Grau ritten von dannen. Guggerli, ein Katholik, wurde in Solothurn begraben. Imthurn aber war reformiert gewesen und wurde im nahen Oberbipp im Kanton Bern beerdigt. Dort ist sein Grabstein in der Kirche zu besichtigen. Es folgte ein Prozess wegen Missachtung des öffentlichen Friedens. Christoph Ziegler musste aus Schaffhausen weichen. Später durfte er jedoch auf sein Gut in Thayngen zurückkehren. Dort starb er 1661. Zwei halbwüchsige Brüder aus der Familie der Imthurn schossen ihn tot. Blutrache gab es auch bei uns.

PS: Im Landesmuseum Zürich lagert in der Sammlung ein Gemälde. Es zeigt das Duell zu Riedholz, die Pferde galoppieren aufeinander zu, Ziegler und Imthurn schiessen, kleine Mündungsfeuer zeigen es an.

Wandern: Von der Bahnhaltestelle «Bei den Weihern» sind wir in 30 Minuten an der Aare und können an ihrem Ufer beliebig flussaufwärts oder -abwärts wandern. Für die Strecke Bei den Weihern – Solothurn brauchen wir eineinviertel Stunden.

Lasst mich ruhen, rief der Tote
616574 — **Lychleustein** — 195638
(BE)

Zu Zeiten der Pest, Jahrhunderte ist es her, zieht im Bernbiet ein Leichenzug von einem abseitigen Bauernhof zur Dorfkirche. Bei einem grossen Stein am Wegrand ertönt eine Stimme aus dem Sarg: «*Laht mi leue!*» Lasst mich ruhen? Es scheint, als wolle der Verstorbene seine Überführung auf den Friedhof und die Einbettung ins Grab verzögern. Sargträger und Begleiter beten dann ein Vaterunser, bevor sie weitergehen.

So ist es bezeugt für einen Lychleustein im Bernischen, womöglich für denjenigen in der Gemeinde Oberthal, um den es hier geht, eines der erhaltenen Exemplare. Die 1,6 Meter aus dem Boden ragende Granitsäule findet sich oberhalb von Grosshöchstetten am Strässchen von Möschberg nach Alterswil und ist auf der Karte eingezeichnet. Wie ein Menhir sieht sie aus, wie ein Kultstein der Vorzeit, doch wissen wir nichts über ihre Herkunft. Seit 1950 steht sie unter staatlichem Schutz. Bohrlöcher verweisen darauf, dass sie früher wohl als Türstock diente: ein Gatter war an ihr befestigt. Dazu passt, dass sie die Grenze zweier Gerichtsbezirke markierte; über Jahrhunderte war dies ihre Hauptfunktion.

Der Heimatforscher Karl Ludwig Schmalz hat den über die Schweiz hinaus verbreiteten Brauch des Innehaltens von Leichenzügen an gewissen, manchmal mit einem Stein bestückten Wegpunkten erforscht. Seine Interpretation der *Lychleu,* wie man im Bernischen sagt, aufgrund der volkskundlichen Literatur: Sicher ging es nicht in erster Linie darum, dass die Trauernden einen Moment vom Gehen oder Sargtragen ausruhen wollten. Viel stärker wirkte das

Anliegen, den Toten nicht durch ungebührliche Eile zu beleidigen und seine letzte Reise würdevoll zu gestalten. Im Inntal deckte man den Sarg während der kurzen Rast noch einmal auf, damit der Tote ein letztes Mal seine Heimat mustern konnte. Die *Lychleu* könnte zudem – gerade im Kanton Bern – eine auch für Reformierte sich ziemende Adaption der katholischen Sitte sein, bei Bildstöcken zu pausieren und ein Gebet zu verrichten.

Sei dem, wie dem sei: alles untergegangen! Heutzutage gibt es keine Leichenzüge mehr, die übers Land ziehen. 1939 war das noch anders, berichtet Forscher Schmalz. Als damals ein Toter zu beerdigen war, fragte der junge Bauer, der die Leiche führte, beim Lychleustein von Oberthal seine Mutter: «*Muess i ächt halte?*» Empört darüber, dass ihr Sohn die Gepflogenheit anzweifelte, zischte sie: «*Fragsch du no?*»

PS: In der *Lychleu* verbirgt sich neben der *Lych*, «der Leiche», das Verb *leue* (es gibt diverse Schreibweisen); der Dialektausdruck bedeutet «innehalten», «ruhen».

Wandern: Von Grosshöchstetten auf den Möschberg, zum Lychleustein, via Krautberg nach Blasen, auf die Blasenfluh und hinab nach Signau. Die Dreieinhalb-Stunden-Route serviert eine Grossportion Berner Bauernterrain.

Letztlich ist die Schulpflicht schuld
732287 — Aeschenstein — 198353
(GL)

In den Jahrzehnten vor der Katastrophe von Elm setzt sich in vielen Ländern Europas die allgemeine Schulpflicht durch. Die Nachfrage nach Schiefer, aus dem man Schreibtafeln herstellen kann, steigt und steigt. In Elm ganz hinten im Glarner Sernftal haben sie hervorragenden Schiefer. Weich ist er und gut bearbeitbar. Drei Jahre vor dem Unglück vom 11. September 1881 haben die Leute von Elm beschlossen, den Abbau selber zu organisieren, um mehr Profit herauszuschlagen.

Bloss fehlt es ihnen an Bergbauwissen. Der Plattenberg, der auf der einen Seite über dem beengten Dorfteil Untertal aufragt, wird tief untergraben. Es *chrost* in ihm. An einigen Stellen senkt sich der Boden ab. Am 7. September 1881 lösen sich erste Steinmassen. Der Berg drückt. Drei Tage später inspiziert eine Delegation samt dem Kantonsförster das Gelände. Tannen stehen schief. Die Männer müssen umkehren, Steinschlag. Sie sind ratlos.

Der nächste Tag ist ein Sonntag. Am späten Nachmittag reisst am Plattenberg der Fels, füllt den Eingang des Schieferbruchs, verschüttet den Tschingelbach und die Wirtschaft zum Martinsloch. Die hat man zwei Tage zuvor geräumt. 17 Minuten später ein zweiter Schub – eine Steinlawine und eine Druckwelle: Dächer fliegen, Häuser kollabieren. Viele Leute rennen zum Düniberg, der dem Plattenberg gegenüber liegt. Nach vier Minuten bricht der Plattenbergkopf ein. Die Steinwelle verschlingt diejenigen, die dem Düniberg zustreben, prallt an seiner Flanke ab, wird gegen Aeschen gelenkt. Auch die Helfer, die Richtung Untertal geeilt sind, werden von den Steinmassen verschlungen.

Am Ende ist die Gegend ein Grab. 114 Menschen sind tot, geborgen werden die wenigsten. Am Mittwoch werden elf grosse Särge und zwei Kindersärge in die Erde gesenkt. Eine Woche nach dem Unglück, am 18. September, dem eidgenössischen Bettag, verkehren Extrazüge von St. Gallen und Zürich nach Schwanden, per Rosswagen reisen die Leute weiter nach Elm. Gaffer. Gleichzeitig ist die Solidarität der Schweizerinnen und Schweizer enorm, das Hilfsgeld fliesst. 10 Millionen Kubikmeter Fels sind niedergestürzt. 90 Hektaren nutzbarer Boden und viel gute Waldfläche verschüttet. 83 Gebäude, wovon 22 Wohnhäuser, zerstört. Das Schieferbergwerk, das so vielen Leuten Verdienst gebracht hat, ist vernichtet. Einzig der Grossteil des Viehs lebt, es weidete auf der Alp, als der Berg kam.

Zwei Dinge fördern in Elm das Gedenken: Bei der Bushaltestelle «Station» steht das vormalige Restaurant «Bahnhof». Eine Steintafel erinnert an der Hauswand an den Bergsturz, bis hierhin floss der Trümmerstrom. Wenn wir nun auf dem «Suworowweg» Richtung Matt, Engi, Schwanden wandern (knapp vier Stunden, tolle Route), kommen wir gleich nach der Brücke über den Sernf ins Gebiet Aeschen. Von Weitem sehen wir den Aeschenstein. Ein Schild bezeugt den Bergsturz. Der Aeschenstein, ein kleines Gebirge, kam damals hier zum Stillstand. Wie friedlich er mit dem zugehörigen Bänkli wirkt!
Googeln: «Elm Tourismus Bergsturz» führt zur Dorfchronik samt einer Liste der Toten von 1881. Die Tourismusstelle von Elm organisiert Führungen zu den Spuren der Katastrophe.

Götter der Romandie
540274 — Alignement von Clendy — 181352
(VD)

Man hört für das Alignement von Clendy, die Steinreihe am Rand von Yverdon, bisweilen den Namen «Helvetisches Stonehenge». Das ist nun doch etwas übertrieben. Insbesondere fehlt der Westschweizer Anlage die wuchtige Geschlossenheit des weltberühmten Megalithmonumentes in England. Auch beeinträchtigt die nahe Strasse den Zauber. Und doch! Immerhin ist dies die grösste und wichtigste Megalithen-Ballung in unserem Land. In Clendy können wir Steinzeit schnuppern.

Vom Bahnhof Yverdon sind wir zu Fuss auf dem Wanderweg rasch vor Ort: Wir gehen hinab zum Neuenburgersee und folgen weiter den gelben Markierungen Richtung PRO-NATURA-Zentrum und Naturschutzgebiet «Grande Cariçaie». Nach einer halben Stunde sind wir am Ziel. 45 Steine stehen am Rand eines schütteren Wäldchens in einem klassisch eingerichteten Naherholungsgebiet, wie es Hundebesitzer und picknickende Familien lieben. Zwei Steinreihen überziehen den Rasen, dazu kommen kleine Gruppen mit weiteren Steinen. Die Bezeichnung «Menhire» trifft zu. Manche der Steine sind bearbeitet, haben eine Kopfbeule und menschenähnliche Umrisse. Sie sind verschieden hoch, der grösste ragt fast viereinhalb Meter auf.

Dass sie uns Heutigen bekannt und zugänglich sind, hat mit der Juragewässer-Korrektion im 19. Jahrhundert zu tun. Der Spiegel des Neuenburgersees senkte sich. Der Eingriff machte einen natürlichen Vorgang rückgängig, denn irgendwann in der Vergangenheit hatte sich der See ausgedehnt und gewisse Uferpartien überschwemmt. Auch die mit den

Menhiren. Ein Ingenieur war es, der nach der Korrektion die prähistorischen Überbleibsel entdeckte. Diese sind gleichzeitig Relikte der Eiszeit, sie bestehen aus Gneis, Schiefer, Granit. Als man sie wieder herrichtete und aufstellte, kam es zu Veränderungen, die Einrichtung des Spazierweges zum Beispiel erzwang Umplatzierungen, einige Menhire zerbrachen. Wir sollten also nicht glauben, die pure Urzeit vor uns zu haben.

Die Menhire stammen aus der Jungsteinzeit, aus jener Ära, an deren Beginn der allmähliche Übergang vom Jagen und Sammeln zur Landwirtschaft stand. Erst nach dieser gewaltigen Umwälzung, der sogenannten neolithischen Revolution, konnten die Menschen, die sich zu Dorfgemeinschaften zusammengeschlossen hatten, grosse Steine platzieren; dazu brauchte es viel Vorbereitungsarbeit, Organisation, planmässiges Handeln – nur ein sesshaftes Kollektiv konnte die Megalith-Reihen von Clendy zustandebringen. Den Wald gab es damals wohl nicht, jedenfalls merkt die offizielle Archäologie auf einer Internetseite des Kantons Waadt an, dass die Menhire in der Vorzeit von Weitem sichtbar gewesen seien. Auch heisst es dort: «Der Platz (...) funktionierte zweifellos als wichtiger Ort für Zusammenkünfte sozioreligiöser Art, die Menhirstatuen in Menschengestalt stellen vielleicht Götter dar, Helden oder Ahnen, zu deren Verehrung die Gemeinschaften der Umgebung hierhin kamen.»

Über 6000 Jahre alt sind die Steine, die wir in Clendy auf einer Fläche von 100 auf 50 Metern vor uns haben. «Helvetisches Stonehenge»: irgendwie ist der Name doch nicht ganz falsch.

Äh furchtbar leidä Zottil
610115 — Mörderstein — 126671
(VS)

Momentan ist das so eine Sache mit dem Mörderstein und der Visite bei ihm. Entweder rücken wir von Norden her durch den Wald an, es gibt Pfade, die letzten Meter freilich kämpfen wir uns durch die Brombeeren. Oder wir folgen der Raserstrasse, die unserem Wald, dem Pfynwald, südlich entlangläuft; neben ihr ist genug Platz. Spass macht das nicht, das Brüllen der Lastwagen irritiert. Der Stein aus Kalk, meterhoch, geschätzte 1800 Tonnen schwer, durch eine Spalte gezeichnet und auf der Karte eingetragen, stürzte wohl vom Gorwetschgrat nieder. In prähistorischer Zeit diente er als *Abri,* als Unterstand. Auch wenn er im Winter wochenlang im Schatten liegt und keine Sonne bekommt. Grabungen ergaben: An dieser Stelle lagerten schon vor mehr als 8500 Jahren, in der Mittelsteinzeit, Menschen; Pfeilspitzen und Reste von Feuerstellen belegen es. Die Römer bauten später eine Strasse durch den Wald.

Und dann kamen Mittelalter und frühe Neuzeit. Räubern von damals verdankt der Stein seinen Namen «Mörderstein»; auf Französisch heisst er, der auf der Sprachgrenze hockt, *Pierre du Meurtrier*. Oder *Pierre des Brigands*, Briganten sind Wegelagerer. Gesetzlose. Gleich mehrere *Zällätä*, Erzählungen mit Flunkereinschlag, berichten von den bösen Männern. Da ist diejenige vom Bauern aus Niedergampel, den im Pfynwald ein Räuber anhält, der sich als Bekannter herausstellt. Der Räuber, Peter mit Namen, zeigt dem Bauern seine Höhle samt Waffenarsenal und kostbaren Seidentüchern, die er Reisenden abgenommen hat, er serviert Wein und Trockenfleisch, rät dem Bauern dann abrupt, jetzt möglichst schnell von dannen zu ziehen, «wenn mich nämlich die Raserei anfällt, kann ich auch den Kameraden nicht schonen!»

Andere *Zällätä* widmen sich dem Räuberhauptmann Peschol, den die Einheimischen so beschrieben: «än grosse starche Wollätsch es Mannij, mit ämä zerzüstä Strubelgrind, äh furchtbar leidä Zottil.» Die berühmteste Geschichte aber ist die vom Räuber Lisür, der beim Mörderstein einer Mutter mit Kind auflauert.

Die Mutter fleht um Gnade, der Räuber sagt, wenn das Kind seine Fragen beantworten könne, dürften sie beide gehen. Was schöner sei als der Tag, fragt Lisür das Kind. Der Mutter Blick, antwortet es. Was edler sei als Gold? Der Mutter Herz. Was süsser als Honig? Der Mutter Milch. Was weicher als Flaum? Der Mutter Schoss. Was stärker als der Tod? Der Mutter Liebe. Und was härter als Stein? «Des Mörders Herz!», sagt das Kind. Lisür packt es daraufhin und schleudert es mit solcher Gewalt gegen den Stein, dass dieser zerspringt.

Daher die markante Spalte. In einigen Jahren können wir sie, den Stein und den Pfynwald, einen der grössten Föhrenwälder der Alpen und unter Naturschutz, in Ruhe betrachten. Zwischen Siders und Leuk wird – ein monumentales Projekt – abschnittweise die A9 gebaut. Der Sektor beim Mörderstein soll überdeckt werden, zum Stein werden wir dann auf einer Servicestrasse gelangen, das ist ideal für Wanderer und Velofahrer. In den Projektunterlagen ist das Szenario visualisiert, eine schmale Strasse ist abgebildet, rechts steigt der Hang zum Gorwetschgrat auf, links steht der Stein und ist nun nicht mehr von Sträuchern und Büschen umwuchert. Ein Mann in Outdoorkleidung sitzt auf dem Mäuerchen an der Strasse und geniesst, was er sieht.

PS: Die Räubergeschichten sind dem Buch *Hexenplatz und Mörderstein* (NAGEL & KIMCHE, 2010) entnommen. Autor Wilfried Meichtry serviert unglaubliche Geschichten aus dem Pfynwald, bei dem er aufwuchs. Es geht etwa um einen Italiener, der einen Schatz findet, um den Widerstand der Oberwalliser gegen die napoleonischen Truppen, um die Jagd nach einer Bestie, die die Schweiz in Atem hält. Freundlicherweise übersetzt Meichtry die Dialektbeschreibung des Räubers Peschol ins Hochdeutsche: «ein Prügel von einem Mann, mit arg zerzaustem Wirrkopf, ein furchtbar hässlicher Zottel.»

Gefährliche Gebirgler
775820 — **Römersäulen** — 149330
(GR)

Graubünden ist ein wildes Land: hohe Berge, schummrige Schluchten. Ebenso zerklüftet sind die Seelen seiner Menschen, aufbrausend sind die Gebirgler, gefährlich und allzeit bereit, zur Waffe zu greifen. Wir sprechen natürlich nicht von der Gegenwart, in der die Bündner ihre Touristen umsorgen und miteinander pfleglich umgehen. Vielmehr gilt die Bemerkung der Zeit des Dreissigjährigen Krieges von 1618 bis 1648, in der sich auf Bündner Boden Schlächtereien ereignen. Der Roman *Jürg Jenatsch,* verfasst im

19. Jahrhundert vom Stadtzürcher Conrad Ferdinand Meyer, erzählt davon. Die Geschichte beginnt auf der Julier-Passhöhe, wo der junge Heinrich Waser, Amtsschreiber in Zürich auf Ferientour, bei grosser Hitze gerade die zwei römischen Säulen erreicht. In dem ausgehöhlten Stumpf der einen Säule hat sich Regenwasser gesammelt. Waser benetzt Stirn und Hände und macht sich daran, die «beiden ehrwürdigen Trümmer», wie sie Meyer nennt, abzuzeichnen und zu vermessen.

Und schon wird es gefährlich. Die Bassstimme eines Einheimischen erklingt und ruft, was er da treibe – Spionage? Nun, es kommt knapp nicht zum Kampf Wasers mit dem aggressiven Graubart, der sich da materialisiert. Aber die Begegnung setzt doch den Ton. Graubünden ist ein Land, in dem Vorsicht geboten ist, seine Menschen sind reizbar. In der Vergangenheit, wohlgemerkt.

In unserer harmonisierten Gegenwart ist eine Visite risikolos. Wir steigen auf dem Scheitelpunkt des Julierpasses bei der Bushaltestelle aus, die die Säulen im Namen trägt: «Bivio, Las Colonnas / Passhöhe». Wenige Schritte östlich der Kioskbuvette flankieren sie am Rand des riesigen Parkplatzes rechts und links die Strasse. Den Übergang über den Julier gab es schon zu Römerzeiten, dazu passen Karrengeleise-Spuren, die antiken Ursprungs sein sollen. Damals stand auf der Passhöhe ein Heiligtum auf einer Fläche von fünf auf fünf Metern. Grabungen förderten neben der südlichen Säule zwei Stücke einer lebensgrossen Marmorstatue zutage, einen rechten Oberarm und ein linkes Knie. Die Säulen selber dürften zum Tempel gehört haben. Heute beachtet sie kaum einer, die Autos brausen vorbei, die Wanderer trinken auf den Bänken vor der Buvette Mineral oder Bier. Der Waser aus Zürich immerhin wird die Säulen in Form einer Skizze heimtragen als Erinnerung an das Land des Fanatismus. Als solches hat Schriftsteller Meyer Graubünden verewigt.

Steinberg im Weinberg
541225 — **Menhir in den Reben** — 187563
(VD)

Aus dem kleinen Waadtländer Dorf Bonvillars stammt ein grosser Ritter. Einer, der in die weite Welt auszog und sein Glück fand. John de Bonvillars, wie er in England hiess, machte dort am Königshof Karriere und war ein Gefolgsmann Eduard I. In Wales, das Eduard erobert hatte, übte der Ritter diverse Ämter aus. 1287 ging er gegen ein walisisches Rebellenheer vor und starb bei der Belagerung eines Schlosses, als er einen Stollen inspizierte – dieser stürzte ein.

So weit der bekannteste Export von Bonvillars. Was aber die unbeweglichen Güter des Ortes angeht, ist zuallererst der Menhir zu nennen, der auf der Landeskarte eingezeichnet ist und immer wieder mal in einer Wanderbeschreibung auftaucht. Dabei brauchen wir, um ihn zu erreichen, gar nicht unbedingt zu Fuss zu gehen, wir können auch den Bus nehmen, von der Haltestelle «Bonvillars, La Cour» sind es bloss ein paar Meter. Der Name «La Cour» verweist auf das ehemalige Herrenhaus ganz in der Nähe. Der Menhir selber hat, wie die meisten in der Gegend, keinen Namen. Seine Geschichte liegt im Dunkeln. Was ihn unverwechselbar macht, ist die Lage mitten in einem Weinberg. Ein Wegweiser zeigt hinein; freilich ist Respekt vor den Pflanzen angebracht, bleiben wir unbedingt in der schmalen Schneise! Der Menhir in den Reben, aus Gneis und fast drei Meter hoch, ist gekennzeichnet von senkrechten Bruchlinien in der Oberfläche und einer rötlichen Färbung, die ihm etwas Dramatisches verleiht. Gemäss örtlicher Überlieferung handelt es sich um ein Denkmal zur Schlacht bei Grandson 1476, in der die Eidgenossen Karl den Kühnen, Herzog von Burgund, schlugen. Aber das ist bloss eine Legende.

In einem Aufsatz aus dem Jahre 1898 widmet sich ein gewisser Eug. Mottaz mit Liebe den diversen

Menhiren der Region, die er samt und sonders als Relikte der Prähistorie begreift. Zusammenfassend sagt er: «Zweifelsohne sind sie in unserer Gegend die ältesten Zeugen der untergegangenen Völker und Zivilisationen. Sie bezeugen auch, dass seit jeher die Menschen, die an unseren Gestaden lebten, ihren Glauben an die Unsterblichkeit bekräftigen wollten. Die Marmorsteine jeglicher Form, die wir heute in grosser Zahl auf unseren Friedhöfen finden – werden sie sich nicht letztlich als vergänglicher erweisen, trotz ihrer Schönheit und ihrem Stolz, als diese majestätischen Blöcke, die gleichzeitig einfach und grandios sind und von den ersten Bewohnern unseres Landes, wie man sagt, auf das Grab eines gefürchteten oder verehrten Anführers gestellt wurden?»

Wolfskino im Wald
666180 — Erdmannlistein — 244440
(AG)

Der Erdmannlistein, eine Kombination tonnenschwerer Findlinge, hat einer Haltestelle der S-Bahn von Bremgarten nach Wohlen den Namen gegeben. Zu Fuss hingehen ist schöner. 50 Minuten brauchen wir von Bremgarten und finden den Erdmannlistein in einem vermoosten Wald. Auf einer kleinen Anhöhe steht er, zwei Steine tragen einen dritten. Sieben

Mal müsse man das Ensemble umkreisen und bis zum Schluss die Luft anhalten, dann kämen die Erdmannli, eine Art tiefergelegte Hobbits, aus dem Boden, heisst es. Einst waren die Erdmannli zutraulich und zeigten sich offen. Die Menschen warfen ihnen Rüben und Kohl zu wie im Kleintierzoo, die Erdmannli revanchierten sich mit drolligen Tanzeinlagen. Doch wie immer in solchen Sagen: Böse Menschen machen alles kaputt. Zwei Burschen warfen eines Tages Steine in die dunkle Nische im Innern des Erdmannlisteins. Ein Wimmern, ein Stöhnen war zu hören, seither zeigen sich die Erdmannli nicht mehr. Das Vertrauen ist weg.

Wie konnte es zu dem tischartigen Arrangement der drei Steine kommen, wie kam der obere auf die beiden unteren zu liegen? Die AARGAUER ZEITUNG hat belegt, dass sich nicht einmal die Spezialisten der kantonalen Verwaltung einig sind. Die Abteilung Landschaft und Gewässer glaubt demnach an eine von Menschen geschaffene prähistorische Kultstätte, die Kantonsarchäologie hingegen geht von einer zufälligen geologischen Ablagerung aus.

Der gleiche Artikel reportiert ein optisches Phänomen: Jedes Jahr vom 22. bis 29. März ist spätnachmittags am Erdmannlistein etwas zu beobachten, das im kleinen Massstab dem Vorgang am Martinsloch

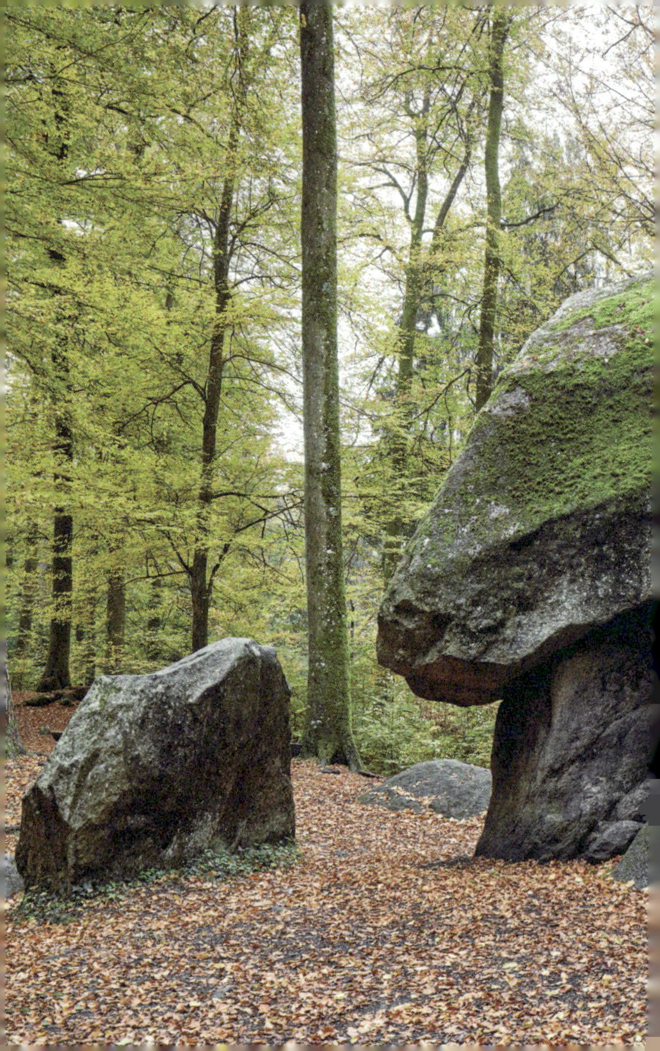

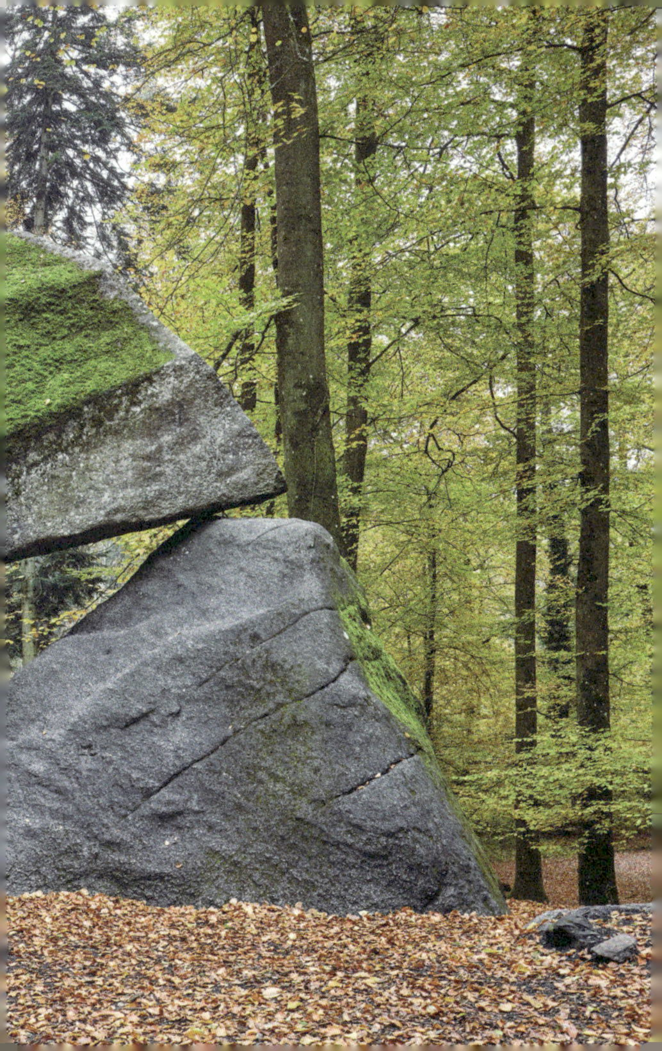

in Elm ähnelt. Die Sonnenstrahlen leuchten durch das Loch in der Mitte der drei Steine. Sie treffen dahinter auf eine Steinplatte, einen Bildschirm der Natur. Auf ihm zeichnet sich deutlich der Kopf eines Wolfes ab. Im Herbst vereitelt das Blattwerk der Bäume die Projektion, die Sonne kann nicht wirken. Der Artikel spricht von «Wolfkopf-Kino», der Erdmannlistein ist in diesem Sinne das erste Lichtspieltheater der Schweiz. Freilich funktioniert es nur wenige Tage im Jahr.

PS: Zehn Minuten entfernt finden wir den Bettlerstein, auch er ist auf der Landeskarte eingezeichnet. Durch seine exzentrische Schrägstellung bietet er Schutz vor der Unbill des Wetters, womöglich lagerten an ihm Fahrende, Verstossene, arme Leute, Galgenvögel, Bettler, was den Namen erklären würde.

Leg dich nicht mit den Wallisern an!
634132 — **Blauer Stein** — 126616
(VS)

Der Blaue Stein im Ortskern von Visp, ein flacher Findling aus Serpentinit, ist 60 Zentimeter hoch und abgewetzt; auf ihn setzen sich seit Jahrhunderten Menschen, und Kinder nutzen ihn zum *Gumpen*. Die Schalen auf seiner Oberfläche, die im Steininventar ssdi.ch erwähnt sind, sieht man kaum noch. Der Stein schimmert wirklich blau, aus gewissen Winkeln betrachtet, während er aus anderen eher schwarz wirkt. Auf einem kleinen Platz liegt er, zu dem eine Weinhandlung, der Welt-Laden sowie das historische Blatterhaus gehören, das nichts mit Sepp Blatter zu tun hat; es ist benannt nach dem Politiker Johann Ignatz Blatter, 1695 bis 1760.

Im Dezember gibt es am Visper «Mannenmittwoch», einem Gedenkritual, Rummel um den Blauen Stein mit einer Messfeier, einem Fackelzug, Trommelwirbeln, Pfeifenklängen sowie einer Rede. Die Zeremonie erinnert an das Jahr 1388; die Zahl wurde in unserer Neuzeit auf dem Stein in runenartigen Ziffern eingeritzt. Damals ist Visp akut bedroht. Die Savoyer und ihre Alliierten stehen vor den Mauern, 3000 Mann, eine Übermacht. Die Invasoren fordern, dass die Visper kapitulieren und sich unterwerfen. Diese handeln eine dreitägige Bedenkfrist aus. In dieser Zeit bereiten sie sich auf den Kampf vor. Sie schwemmen die Gassen mit Wasser und lassen es vereisen. Sie mobilisieren zusätzliche Leute. Sie montieren an die Naben ihrer Heuwagen und Karren Sensen und Messer. Und sie beladen diese mit schweren Steinen – darunter ist der Blaue Stein. Die Savoyer merken von alledem nichts, es ist bitterkalt, sie haben sich in den Scheunen und Ställen unten an der Vispa verkrochen.

Am dritten Morgen öffnen die Visper die Tore, attackieren die Quartiere des Feindes und zünden diese an. Die Savoyer müssen ausrücken, doch in den vereisten Gassen stürzen so manche von ihnen. Vor allem die Berittenen. Die Visper, die Nagelschuhe tragen und somit sicher stehen, lassen ihre Kriegswagen den Hang hinab gegen den Feind rollen. Am Ende sind sie, die Einheimischen, Sieger. Der Blaue Stein, auch «Hälen-Stein» genannt von *häl* gleich «glitschig», erinnert daran. An den, wie die Leute witzeln, ersten Visper Eishockeymatch im Jahre 1388.

Der Bischof war ein Haudegen
574930 — **Blutstein** — 206020
(BE)

Der Blutstein oder Mörderstein auf dem Parkplatz vor dem Restaurant Frohheim in Ins ist leicht rötlich. Er stammt ja auch von den Aiguilles Rouges in Savoyen, wie es in der Dorfgeschichte heisst. Freilich gibt es eine zweite Erklärung für den Rotstich, wobei das Jahr der Begebenheit variiert: Auf der Tafel am Fuss des Findlings wird 851 angegeben, andere Quellen nennen 850. Sei dem, wie dem sei, zu jener Zeit, der Epoche der Karolinger, ist der Bischof David von Lausanne, seit 827 im Amt, mit ein paar Gefolgsleuten auf dem Weg ins Neuenburgische.

Er ist das Gegenteil eines Friedensfürsten, kann man in einer amüsanten, bald einmal 200-jährigen Kirchengeschichte des Waadtlandes nachlesen. David sei «eher für den Krieg bestimmt gewesen als für den Altardienst», steht in dem Buch. Mit dem Broye-Städtchen Moudon und dessen Bürgern liegt er im Dauerzwist, der Tote zeitigt; die Feindschaft wird Jahrhunderte weiterschwelen.

David ist keiner, der einen Konflikt scheut; er hat an einem Feldzug gegen das Herzogtum Benevent in Italien teilgenommen, er ist kriegserprobt und gewappnet. Doch im Kampf mit dem Herrn von Tegerfelden, einem Widersacher aus dem Aargau, der ihm an der Müntschemiergasse in Ins auflauert, wird David getötet. Es spricht nicht für seine Beliebtheit, dass ihn die eigene Eskorte im entscheidenden Moment im Stich lässt. Immerhin schafft es der bischöfliche Haudegen, seinen adeligen Widersacher so schwer zu verletzen, dass auch dieser stirbt. Beim Blutstein ist die Sache heute wesentlich lakonischer wiedergegeben: Wegelagerer hätten David an dieser Stelle ermordet, besagt das Schild. Der Herr von Tegerfelden wird nicht genannt, das passt zu den Zweifeln heutiger Historiker, dass er der Kontrahent des Bischofs war. Laut einer Überlieferung aus dem 13. Jahrhundert – der Stein wird schon 1240 durch

einen Chronisten erwähnt – sollen auf dem Findling noch lange nach dem tödlichen Kampf Flecken von Davids Blut zu sehen gewesen sein. In unserer Zeit wurde der Stein staatlich geschützt. Als Naturdenkmal, versteht sich, nicht als historisches Mahnmal.
PS: In Ins gibt es den «Eisser Weg» (Seite 43), ein Netz von vier Dorfrundgängen. Der Blutstein ist seltsamerweise nicht berücksichtigt.

Ein Slowene will die Erde heilen
574119 — Lithopunkturstein — 206953
(BE)

St. Jodel ist eine Geländekuppe ausserhalb des Dorfes Ins, bei schönem Wetter sehen wir den Bieler-, den Murten- und den Neuenburgersee, der Punkt ist parkartig ausgebaut samt Grillstelle und dekorativen Findlingen. Die Kapelle des heiligen Theodor oder Theodul oder Joder – dieser Name wurde an Ort und Stelle zu «Jodel» verballhornt – ist längst entschwunden, schliesslich sind wir im Kanton Bern, und der ist stockreformiert. Wenn wir vom Dorf losziehen und auf dem Wanderweg, der mit der Nebenstrasse zusammenfällt, die reformierte Kirche passiert haben, sehen wir kurz vor besagter Kuppe zur Rechten ein paar Treppenstufen, die in den Wiesenhang führen zu einem umhagten Geviert. Darin steht ein künstlerisch bearbeiteter, schlanker Stein. Es ist kein prähistorischer Menhir, sondern ein Lithopunkturstein.

Dieser stammt vom Künstler Marko Pogacnik, geboren 1944. Der Slowene versteht sich als Heiler der Erde. Als Neuzeit-Schamane. Die naturwissenschaftlich fundierte Ökologie mag er nicht besonders, er findet sie zu materialistisch; seine eigene Methode sieht er als spirituell geladenes Gegenprogramm. Konkret arbeitet Pogacnik, wo immer auf dieser Welt er antritt, so: Er erspürt die Kraftlinien, die – aus seiner Sicht – eine bestimmte Gegend durchziehen. Und dann bohrt er, genauso wie ein Akupunkteur in die menschliche Haut entlang von Meridianen Nadeln sticht, seine Steine in den Grund. In Ins kreuzen sich laut Pogacnik gleich zwei internationale Kraftlinien, zum einen Köln – Turin, zum anderen La Tène (ein Ort am Neuenburgersee) – Moskau. Was mit den Lithopunktursteinen von Pogacnik angeblich geheilt wird, sind die Schäden, die der Mensch der Erde zufügt. Ob das Ritual Erfolg hat? Eine Person, die in der Akupunkturbehandlung war, kann man fragen: «Geht es dir jetzt besser, hat es genützt?» Die Erde, wo sie von Pogacnik behandelt wurde, schweigt.

Googeln: «Eisser Weg» führt zu den vier Dorfwegen von Ins. St. Jodel erwandert man sich auf der Wegvariante A ab dem Bahnhof Ins. Auf der Homepage des Weges findet man auch den Link zur herunterladbaren Broschüre.

Sphinx der Waadt
503880 — Pierre Féline — 135523
(VD)

Die Pierre Féline hat ein Vorher und die Pierre Féline hat ein Nachher, die Differenz ist brutal. Das Vorher beginnt damit, dass in der Eiszeit der Stein aus der Gegend von Chamonix per Gletscher ins Gebiet der heutigen Waadt verschoben wird. Das Eis schmilzt, der Stein bleibt im flachen Hinterland des heutigen Genfersees endgültig liegen, Pflanzen spriessen, Wälder wachsen. Ein Naturparadies ist entstanden mit einem Sumpfweiherlein und kleinen Bächen, die Menschen taufen es «Petit Bois». Zeit vergeht.

Und dann kommt die Autobahn und leitet in Crans-près-Céligny das Nachher ein. Die Zeitung LA CÔTE zitiert eine Frau aus der Gegend; sie erinnert sich, wie sie und ihr Mann an einem Abend in den 1950er-Jahren vom Stein aus nach dem Satelliten Sputnik Ausschau halten. Ein Mann mit Rucksack und einem Hammer in der Hand taucht auf. Er sagt, er sei Geologe auf Inspektion, bald werde hier die Autobahn vorbeiführen. 1964 ist es pünktlich zu

Beginn der Landesausstellung in Lausanne so weit: Einweihung dieses Abschnittes der heutigen A1. Wenige Jahre später werden zwei Rastplätze gebaut, der eine westlich, der andere östlich des Strassenstranges. Auf dem westlichen Rastplatz steht heute dort, wo dessen Ausfahrt in die Autobahn Richtung Genf mündet, der Stein. Er kann einen Triumph für sich reklamieren, der wohl keinem anderen Findling zuteil wurde: Seinetwegen wurde, nach langen Diskussionen und Erwägungen, damals die Autobahn leicht umgelenkt.

Allerdings sind dem Stein seine Menschen abhanden gekommen. Die, die ihn liebten, die auf ihm ruhten, die um ihn spielten. Kaum jemand besucht ihn, die meisten Autofahrer nehmen ihn nur aus den Augenwinkeln wahr, wenn überhaupt. Seine Umgebung ist hässlich, der Verkehr laut, die Bäche von einst sind kanalisiert, das Weiherlein zugeschüttet. So vegetiert ein Stein dahin, der einst als stolze Insel bewundert wurde. An dem Kinder kletterten. Den die Leute rundum als eine Art Eisberg empfanden; 800 Kubikmeter ragen aus dem Boden, die restlichen 2200 sind im Boden verborgen. Und der Name, Pierre Féline, also Katzenstein? Der Stein steigt als flache Rampe aus dem Boden auf. Man kann sich eine geduckte, zum Sprung ansetzende Raubkatze vorstellen. Die Pierre Féline: die Sphinx der Waadt, der in der Neuzeit übel mitgespielt wurde. Das stimmt traurig. Soll man sie überhaupt besuchen? Allenfalls mit dem Auto, für eine kurze Rast.

Massengrab im Baselbiet
609835 — **Dolmen** — 257525
(BL)

Eine halbe Stunde dauert die Tramfahrt von Basel SBB bis zur Wendeschleife in Aesch. Und immer noch sind wir in der Agglo. Auf dem Wanderweg Richtung Westen nach Ettingen geraten wir am Klusbach aber schnell in die Äcker. Rebhänge hat es auch. Bald biegen wir ab nach rechts hinauf zur Rüti. Dort drehen wir wieder links und nehmen im Wald Kurs auf den Klusboden. Nach der Waldhütte beim Klusboden geht es leicht aufwärts, und bald kommt das Schild, das nach rechts lenkt und zum Dolmen führt. Dem jungsteinzeitlichen Massengrab, 1907 entdeckt. Ein blauer Zaun schützt heute das Grubenviereck von rund vier auf drei Metern. Ursprünglich – man sieht das auf der Infotafel – war das Grab zwei bis zweieinhalb Meter hoch und mit Steinplatten gedeckt. Darüber hob sich ein Erdhügel mit einem Durchmesser von 9 Metern; auch dessen Rand war wohl mit Steinplatten markiert.

Ähnliche Anlagen gab es im deutschen Schwörstadt, aber auch in Brevilliers in Frankreich und in Laufen (BL). Sowie in Courgenay im Kanton Jura (Seite 97). Der Dolmen, der in Aesch die Jahrtausende überdauert hat, fasste eine ganze Sippe, man fand Knochen- und Zahnreste von 33 Erwachsenen und 14 Kindern sowie Keramikscherben, Silexspitzen und Ähnliches – Grabbeigaben für die Toten.

Nach der Besichtigung empfiehlt sich ganz nah, etwas weiter westlich, der nicht ausgeschilderte Abstecher vom Wanderweg zum Frohberg. Von der Ruine fällt der Blick in das obere Klustälchen und kann auch zum Blauen schweifen. Ein bisschen Trittsicherheit ist für die kurze Ruinenexkursion aber nötig, die letzten Meter sind rutschig. Die Wanderung führt nun weiter nach Ettingen oder retour nach Aesch.

Die Autobahn ist ein Problem
543834 — Menhir-Viereck — 189046
(VD)

Es braucht Fantasie, um sich in Corcelles-près-Concise auf der Anhöhe über dem Neuenburgersee in die Vergangenheit zu versetzen. Das aufdringliche Rauschen der Autobahn ist ein Problem. Unsere vorgeschichtliche Preziose, ausgeschildert ab dem Dorfrand, finden wir nah einem Feldweg in der Wiese: vier zu

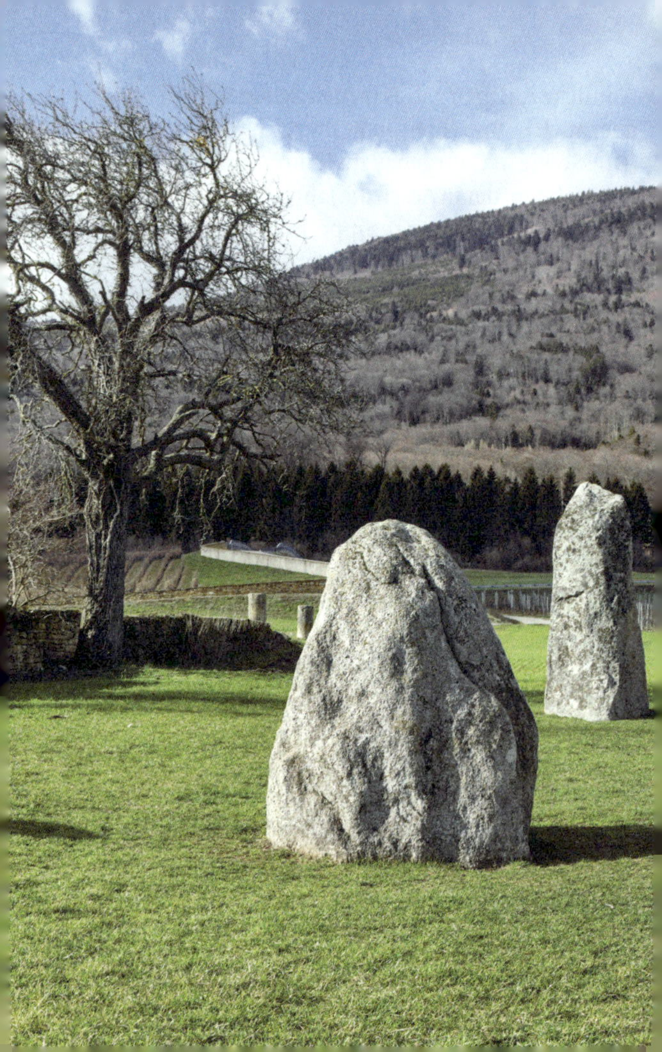

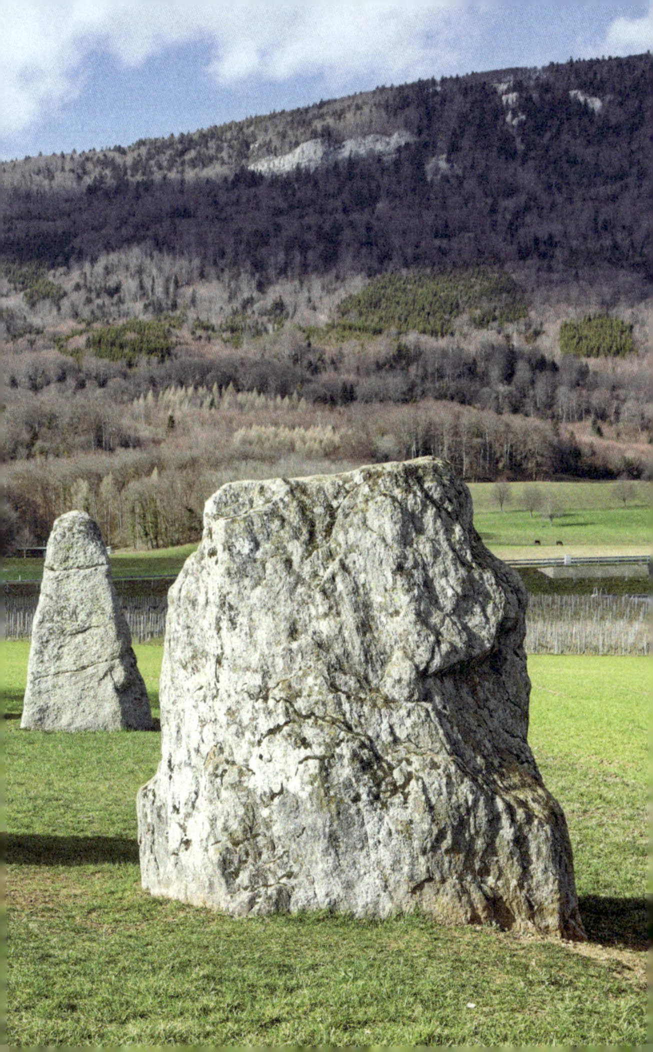

einem Rechteck arrangierte, unterschiedlich schlanke Steine aus Granit. Sie sind alle gut zwei Meter hoch. Es lohnt sich, die Steine genau zu betrachten, in den einen sind zum Beispiel kleine Schalen graviert. Bei einer Grabung entdeckte man 1994 die zwei Teile eines weiteren Steins. Und gleich noch eine Komplizierung: Der eine Stein im Viereck ist ein Ersatzstein. Ein Schild erklärt auf Französisch, dass er 1840 von Herrn S. de Meuron am Standort des abgetragenen Vorgängers aufgestellt worden sei. Jener entschwundene Menhir findet sich angeblich beim alten, in ein Weingut umfunktionierten Kloster von La Lance in Concise; er sei, heisst es, in der Nordostecke des Gärtnerhauses eingebaut.

Also dieselbe Geschichte wie anderswo: Historische Steine hielten als Baumaterial her. Was das Viereck von Corcelles angeht, gibt es auch gute Nachrichten. Die Steine sind datierbar, weil man in einer Grube Keramikfragmente und anderes Material fand; dieses stammt aus dem fünften Jahrtausend vor Christus. Somit sind diese Menhire der Steinzeit zugewiesen. Eine Legende verknüpft sie mit dem dominierenden Ereignis der lokalen Geschichte, der Schlacht bei Grandson 1476, in der die Eidgenossen Karl den Kühnen schlugen. Karl rückte damals von Grandson her an, und die Legende besagt, die vier

Steine bezeichneten den Ort, wo er vor der Schlacht im Zelt lagerte. Aus Sicht der Archäologie ist das Unfug. Ohnehin haben die Menhire keinen pompösen Adeligen nötig, um bedeutend zu sein. Nicht einmal die Autobahn kann ihre Ausstrahlung tilgen.
PS: Karl der Kühne hat die Fantasie der Leute am Neuenburgersee mächtig inspiriert. Nicht nur im Fall von Corcelles ist die Erinnerung an ihn mit einem Menhir verbunden (Seite 30).

Das Geheimnis der Hecke
678121 — **Megalithmauern Bubenauen** — 232076
(ZH)

GOOGLE MAPS im Satellitenmodus zeigt bei Mettmenstetten im Säuliamt 200 Meter südöstlich des Haselhofs eine T-förmige Hecke. Sie tarnt zwei im rechten Winkel zueinander gebaute Megalith-Mauern. Wobei das Wort «Mauern» falsche Vorstellungen wecken mag: In der einen Hecke ist die von niedrigen Steinen gebildete Reihe rudimentär. Die Reihe in der anderen, parallel zum Haselbach sich ziehenden Hecke ist hingegen imposant; sie ist es, die in Zeitungsartikeln ab und zu abgebildet wird. Einer der Steine gilt als Zeichenstein, er weise eine Einkerbung in Hufeisenform auf, heisst es. Hufeisen – wirklich? Wüsste man nicht, dass da eines wäre, sähe man es nicht.

Als prähistorisch wird die Mauer meist bezeichnet. Aber stammt sie tatsächlich aus der Jungsteinzeit oder aus der Bronzezeit? Könnte es nicht sein, dass erst später, zum Beispiel im Mittelalter, Leute kamen und die herumliegenden Steine zu einer Weidemauer arrangierten? Doch weshalb hätten sie sich die Mühe mit den schweren Klötzen machen sollen? Sinn und Zweck der Mauern bleiben unbekannt. Richard Walker, der in seinem Buch *Stonehenge im Säuliamt* die auffallende Fülle von Steinreihen, Steinkreisen, Menhiren, Lochsteinen in der Gegend dokumentiert hat, schreibt, dass die eine Mauer «ungefähr» auf die Kirche Mettmenstetten ausgerichtet sei; das heizt die Spekulation an, dort sei früher ein heidnischer Kulturort gewesen.

Alles ist möglich. Und nichts bewiesen. Vielleicht ist genau das der Zweck eines Ausflugs in die Bubenauen, wie das Feuchtgelände am Haselbach heisst: dass wir die Fantasie walten lassen. Vom Bahnhof Mettmenstetten sind es 25 Gehminuten bis zu den Megalithen, die ersten 15 bleiben wir auf dem Wanderweg Richtung Knonau; danach zweigt dieser ab Richtung Wiesengrund, während wir weiter dem Haselbach folgen. Auf der Höhe des Haselhofs ist es dann Zeit, zu diesem abzubiegen. Weiter vorn steht gleich bei der T-Hecke eine Infotafel, die wir nicht verpassen können. Ein letzter Tipp: Im kalten Jahresviertel losziehen. Dann liegen die Steine in den Hecken einigermassen frei, Winterzeit ist Megalithzeit. Die Mauerreihe steht übrigens unter Schutz; dies, nachdem der Bauer sie laut Buchautor Walker in den 1990er-Jahren entfernen wollte.

Googeln: Richard Walkers Buch finden wir unter *Stonehenge im Säuliamt,* Download gratis. Die Gemeinde Mettmenstetten schlägt auf ihrem Boden fünf Rundgänge vor, wir können sie mit «Mättmi-Wäg» ergoogeln; die zugehörigen Prospekte mit Information zu den Wegstationen sind downloadbar. Rundgang zwei führt an den Bubenauen-Megalithen vorbei. Auch im nächsten Eintrag kommt einer dieser Rundgänge vor.

Wieso nicht ein Brainstorming?
676485 — **Rembrigwald-Lochstein** — 234404
(ZH)

Der Stein im Rembrigwald ist in der megalithreichen Zürcher Gemeinde Mettmenstetten nicht der einzige Lochstein; auch beim Hof Grüt steht einer. Aber der im Rembrigwald ist origineller. Eine Rarität ist er, weil sein Loch anders als das der meisten Lochsteine im Stein endet; man führt ein dünnes Zweiglein ein und stösst bald auf Widerstand. Auf der Infotafel am Waldrand kann man lesen, dass die Sonne genau einmal im Jahr das Loch sauber ausleuchte, nämlich am 23. März. Vorschlag für Wandergruppen: Ein Brainstorming veranstalten und Lochtheorien evaluieren. Wer bohrte hier wann, wieso und wozu? Diente der Stein eventuell als Kalender?

Ganz in der Nähe steht bei Eigi – am Rand des Waldes Buechhölzli – eine weitere prähistorische Anlage: eine Weidemauer aus Steinen von gut zehn Metern Länge. Beide Standorte, Eigi/Buechhölzli und Rembrigwald, sind mit der Wanderkarte gut zu finden. Vom Bahnhof Mettmenstetten gehen wir nordwärts zum Weiler Eigi, passieren auf dem Strässchen an der Bahnlinie den Bauernhof und die folgende Weide, nehmen den ersten Feldweg rechts hinauf zum Buechhölzli. Am Waldrand geht es weiter. Gegen Ende des Waldstückes erblicken wir links, halb im Wald, die Weidemauer. Wenn wir danach in der selben Richtung weitergehen, kommen wir zu einem Feldweg, der parallel zur Autostrasse etwas weiter oben verläuft. Wir biegen links in ihn ein und erreichen den Rembrigwald. Dort sehen wir die Infotafel, die auf den Lochstein hinweist. Er ist umgeben von einer kleinen Gruppe weiterer Steine, die als Ganzes keine präzise Ordnung bilden. Sie wirken wie verwirrte Höflinge um einen König.

Googeln: «Mättmi-Wäg» führt zu fünf Dorfrundgängen samt Karten. Rundgang drei ist derjenige mit dem Rembrigwald-Lochstein und der Weidemauer bei Eigi.

Von der Limmat zur Seine
673243 — Masséna-Gedenkstein — 250516
(ZH)

Jede Schlacht hat ihre technische Seite, ohne schlaue Logistik kann eine Armeeführung wenig ausrichten. Im September 1799 stehen die Russen bei Zürich, sie sind Teil einer Allianz, die Europas monarchische Ordnung gegen das revolutionäre Frankreich verteidigt. Ein Teil der Franzosen unter General André Masséna hält sich im Westen Zürichs auf, im Gebiet des Wasserschlosses Schweiz und des Limmattals. Masséna will die Russen überrumpeln, indem er bei Dietikon über die Limmat setzt und an deren Nordufer gegen Zürich vorstösst.

Die Vorgeschichte der Aktion, die auf spektakuläre Art gelingen wird: Das ist der Herbeitransport von Booten und Schwimmkörpern aus der ganzen Schweiz. Beim Guggenbühl-Wald, einen halben Kilometer vom Südufer der Limmat entfernt, werden die Boote gelagert. Dann werden sie, in der Nacht auf den 25. September, zum Fluss getragen. Um fünf Uhr früh befördern sie in totaler Stille 600 Infanteristen übers Wasser. Die russischen Posten auf der anderen Seite werden der Gefahr zu spät gewahr, im Feuergefecht werden viele von ihnen getötet. Und nun beginnen die französischen Fachleute mit dem Bau einer Pontonbrücke, während die Boote gleichzeitig im Pendelbetrieb weitere Soldaten ans Nordufer der Limmat führen. Um acht Uhr sind dort schon 8000 Franzosen. Sie beginnen, während laufend noch mehr Soldaten über den Fluss gelangen, mit dem Vormarsch über Engstringen und Höngg auf Zürich. Dort realisiert Massénas russischer Gegenspieler, General Alexander Rimski-Korsakow, zu spät den Ernst der Lage.

Die sogenannte Zweite Schlacht von Zürich – die Erste trug man Monate zuvor aus – wird für die konservativen Kräfte ein Debakel. Und für die Franzosen ein grosser Sieg, weswegen am Arc de Triomphe in Paris unter den heroischen Schlachten der Napoleonzeit Dietikon aufgeführt ist. Masséna, 1758 bis 1817, aufgewachsen in einfachen Verhältnissen, wird vollends zu einem der wichtigsten Generäle Napoleons, der ihm mit Orden und Adelstiteln dankt. Ein Kuriosum am Rand: 1808 verliert Masséna ein Auge. Nicht im Krieg, sondern auf der Jagd; Napoleons Kugel hat ihr Ziel verfehlt und ist abgeprallt.

Zurück nach Dietikon. Dort steht am Limmatufer der Stein, der an die Flussüberquerung im Herbst 1799 erinnert; eine Tafel erklärt den Vorgang. Wenn wir den Bahnhof Dietikon zur Limmat hin verlassen und zwischen Ufer und Bahnschienen Richtung Zürich gehen, sind wir in zehn Minuten vor Ort. Der Gedenkstein in erdigem Ocker hat selber eine kleine Geschichte. 1962 trat er bei Bauarbeiten an der Rüternstrasse / Holzmattstrasse in Dietikon zutage. Eine Kompanie der Genietruppen, die in der Stadt ihren WK absolvierte, überführte ihn an die Zürcherstrasse und platzierte ihn bei der Bushaltestelle «Schäflibach». Als nun aber die Schallschutzwand gegen den Bahnlärm kam, wurde dieser Ort vollends reizlos. Worauf der Stein 2007 an die Limmat verpflanzt wurde. Dort dürfte er dauerhaft bleiben. Als Erinnerung an André Masséna, der Dietikon einen grossen Auftritt in Paris verschafft hat.

Wo die Golfbälle fliegen
690060 — **Druidenstein** — 204808
(SZ)

Morschach, wunderschön auf einem Plateau über dem Urnersee gelegen und mit der Aussicht auf Berggipfel noch und noch begnadet – dieses Morschach hat eine grosse touristische Vergangenheit.

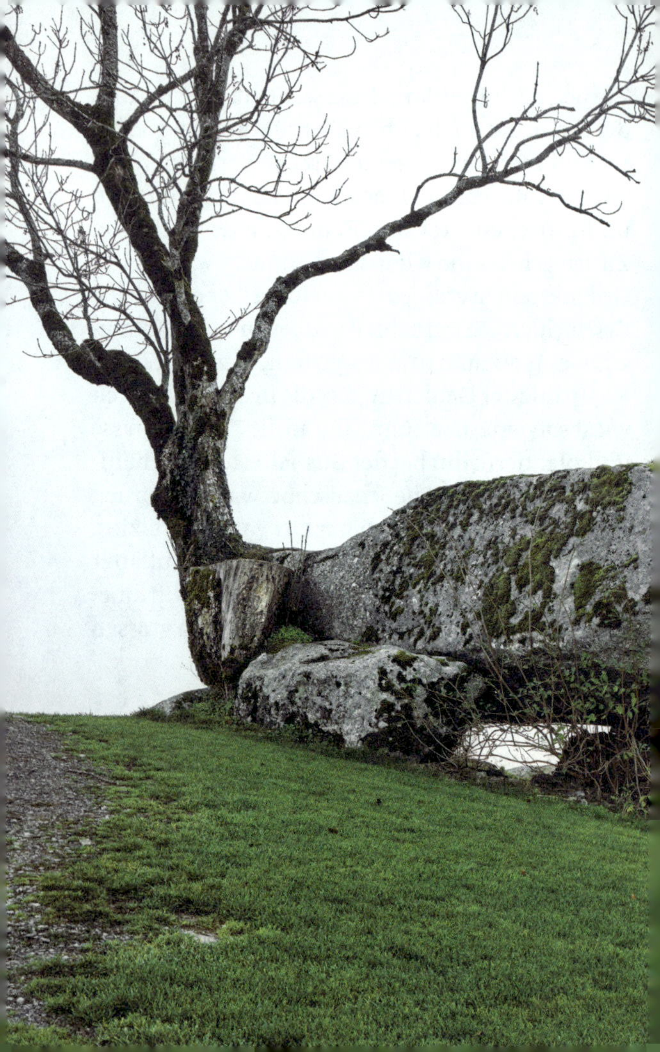

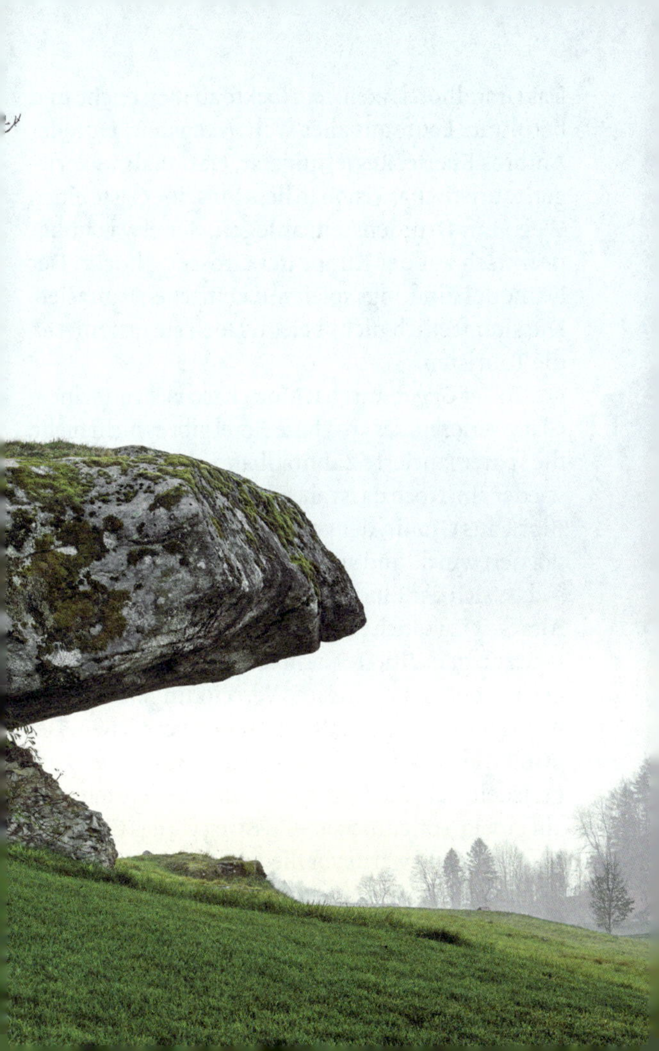

Das Grandhotel Axenstein lockte ab 1869 reiche und berühmte Leute aus aller Welt. Axenstein-Hotelier Ambros Eberle, Regierungsrat, Nationalrat, Verleger, touristischer Visionär, liess für seine Gäste einen Weg zum Druidenstein anlegen, der etwas höher praktisch auf der Kuppe der Grossegg hockt. Der Name des Findlings spielt mit keltischen Fantasien. Die sind freilich nicht belegt. Doch sie faszinieren die Touristen.

In der Gegenwart hat Morschach viel von seinem Glanz verloren, das erwähnte Hotel gibt es nicht mehr, die später lancierte Zahnradbahn ab Brunnen ging wieder ein. Noch da ist aber der Druidenstein, dieser Block aus Granit, der vom Reussgletscher antransportiert wurde und auf einem Kalksockel strandete, sodass sich der Eindruck eines Tisches ergibt. Eines Altars, wie manche Leute meinen. Das Gebilde hat heutzutage exaltierte Nachbarn: Leute, die mit Schlägern in der Hand seltsame Verrenkungen machen, während sie kleine Bälle zu treffen versuchen. Der «Golf Club Axenstein» hat sich um die Grossegg angesiedelt, der Wanderer sucht den Druidenstein nun auf einem – öffentlichen – Fussweg via das Clubhaus auf; ein Schild warnt vor fliegenden Golfbällen. Das Risiko sollten wir eingehen. Flankiert von einem knorrigen Baum, mit den beiden Mythen im Hintergrund, ist der Druidenstein ein Bild von einem Stein. Es ist wohl der schönste Findling der Schweiz.

PS I: Hotelier Eberle hat auf dem Stein Verse hinterlassen. Freilich kann man seine – etwas unbeholfenen – Zeilen nicht mehr lesen. Hier sind sie: «Der Stein ist alt! / Ob durch Naturgewalt / oder Menschenkraft / Als Opfertisch hierher geschafft. / Oder ob als Thron / bei der grossen Liquidation. / Aus Olympos Höh'n / Anhergestürmt von Merkuer Föhn: / Er bleibt ein Thron und ein Altar, / Wie keiner ist und keiner war.»

PS II: Das Hotel Axenstein samt den markanten Findlingen rundherum (Seite 62) ist in die Literatur eingegangen. Der grosse Schwyzer Schriftsteller Meinrad Inglin, 1893 bis 1971, beschreibt in *Grand Hotel Excelsior* den Untergang eines Luxushotels in einer Feuerkatastrophe; er orientiert sich am Brand des Hotels Axenstein im Jahr 1900. Ambros Eberle, der das «Axenstein» erbaut hatte, war Inglins Urgrossvater. In Inglins Roman *Werner Amberg* sind die grossen Steine von Morschach beschrieben: «Granitblöcke gab es hier, wo sie im Grunde nicht hingehörten, seit Jahrtausenden, sie waren auf einem mächtigen Gletscher vom höheren südlichen Urgebirge hieher gewandert und als fremde Findlinge bis hinab zum See auf den Kalkfelsen dieses Bergfusses liegengeblieben.»

Postkarten vom Romand
689512 — **Calame-Stein** — 204676
(SZ)

Auf Alexandre Calames Gemälden sieht man selten Leute, und wenn, sind sie unauffällig platziert. Seine Landschaften sind urwüchsig, sind kaum von der Zivilisation berührt. Der Gedanke liegt nahe, dass der Maler künstlerischen Widerstand leistete gegen die forcierte Eroberung der Natur durch den Menschen in der Industrialisierung. Weniger pathetisch formuliert: Die Bilder von Calame, 1810–1864, mögen seinen Zeitgenossen ein Trost gewesen sein; sie spendeten Ruhe in einer Epoche, die in Bewegung geraten war. In eine verstörende Beschleunigung. Der Basler Schriftsteller Alain Claude Sulzer hat Calames Werk in eine Frage verdichtet: «Wie kam die ungetrübte, unberührte Landschaft auf seine Bilder? Lag ihm daran, sie festzuhalten, weil er voraussah, dass – ausser in den Bergen – auf Dauer kein Stein auf dem anderen bleiben würde?»

Calame hatte mit seiner Arbeit grossen Erfolg. Geboren als Sohn eines Steinmetzen in Corsier-sur-Vevey, musste er mit 15 Jahren bei einem Börsenmakler eine Lehre antreten. Der Makler erkannte das Talent seines Lehrlings und spendierte ihm Stunden bei einem Maler. Schon mit 25 konnte Calame in Paris und Berlin seine Landschaften ausstellen, er erntete viel Beifall, der im Grunde genommen sein ganzes Leben anhielt. Auch wenn da stets Kritiker waren. Calame male unaufhörlich die gleichen Sujets, hiess es, seine Kunst sei rein kommerziell motiviert und auf die Wünsche der Käufer ausgerichtet. Calames Atelier nannten Spötter «die Fabrik des Vierwaldstättersees». Genau dieses Gewässer malte Calame in der Tat immer wieder. Man nennt, was er an Orten insbesondere der Innerschweiz und des Berner Oberlandes abbildete, «Postkartenschweiz». Die Touristiker liebten das, Calame half entscheidend mit, den Ruf der Schweiz als wildromantisches Reiseland in Europa zu verbreiten; Russlands Zar besass Bilder von ihm, ebenso wie Frankreichs Kaiser.

Hoch über dem Urnersee, auch er ein Lieblingsmotiv, ist Calame in Morschach ein Gedenkstein gewidmet. Er ist auf der Karte eingezeichnet. Ihn zu finden, ist also einfach. Doch ist das Hinkommen ein wenig beschwerlich. Von der einstigen Aussichtspromenade des Hotels Axenstein führt ein Weglein hart am Abgrund zum Stein und weiter abwärts; es ist von Wurzeln durchzogen und, weil die Biker es nutzen, zur Rinne degradiert. Der Stein, der an der Kante hockt und wie eine Pyramide wirkt, ist die Kraxelei und das Geschwitze wert: Wir sehen wunderbar auf den Urnersee und den Vierwaldstättersee und haben all die Gipfel rundum im Auge, das wirkt wie gemalt. Calames Name steht auf einer Tafel auf dem Stein samt dem Spruch «*Le plus beau pays du monde*».

Ganz ähnlich drückte es die englische Königin Victoria aus. Sie kam wenige Jahre nach Calames Tod nach Morschach, besuchte den Bauplatz des Grandhotels Axenstein und sagte über den Ort, er sei der schönste, den sie auf ihrer Reise durch die Schweiz angetroffen habe. Seltsamerweise hat sie sich damit keinen derart schönen Gedenkstein verdient.

Hinrichtungsplatz mit Slackline
767660 — Galgen — 135328
(GR)

Einen daueralkoholisierten Kauz, Journalist von Beruf, hat es ins Bergell verschlagen. Eine Radioserie über die Südbündner Talschaft im 17. Jahrhundert soll er realisieren und verbeisst sich in die Geschichte einer Gruppe von Leuten, die damals als Räuber, Hexer, Unzüchtler angeklagt wurden. Insbesondere interessiert ihn der Prozess gegen einen gewissen Elia Tomasin; dieser wird am 26. September des Jahres 1655 gegen die fünfte Abendstunde auf dem alten Richtplatz unter dem Galgen im Bosc da Cudin in Vicosoprano hingerichtet. Der aus Chur angereiste

Scharfrichter nimmt die Enthauptung vor und flicht den Rumpf auf das Rad. Dies ist ein Romanstoff. Der Berner Walther Kauer schildert in *Tellereisen* (1979) wirklichkeitsnah und mit vielen historischen Fakten die Justiz von einst.

Den Galgen auf einer Lichtung im Wald Bosc da Cudin gibt es bis heute. Wir erreichen die zwei Steinsäulen zu Fuss in zehn Minuten vom Ortskern Vicosopranos, indem wir dem Wanderweg südlich der Maira und der Strasse talabwärts folgen. Ein Schild informiert auf der Lichtung über die Galgensäulen: Wie an vielen anderen Orten Europas seien einst auch im Bergell viele unschuldige Menschen verurteilt worden. An dieser Stelle seien zwischen 1650 und 1670 rund 20 Personen wegen «Zauberei» hingerichtet worden, durch Ertränken, Erhängen, Enthaupten oder Verbrennen. Die Leichen angeblicher Hexen seien verbrannt und die Überreste von der San-Cassiano-Brücke in die Maira geworfen worden. Auch andere Verbrechen wie Mord, Raub, grössere Diebstähle, Brandstiftung, Notzucht, Unzucht und Ehebruch seien mit dem Tod geahndet worden; die Leichen dieser «gewöhnlichen» Verbrecher seien zwischen den Galgensäulen begraben. Die letzte Hinrichtung sei im Oktober 1795 erfolgt, als zwei Brüder von 20 und 23 Jahren aus Bormio geköpft wurden. Pferdediebe.

Sollen wir wirklich an diesem Ort brätlen an der liebevoll eingerichteten, mit Brennholz ausgestatteten Grillstelle? Gleich neben dem Galgen ist zwischen zwei Bäumen eine Slackline gespannt. Ein Seil auf Kniehöhe zum fröhlichen Balancieren. Vielleicht ist es genau richtig, dass wir dem Vergangenheitshorror durch Gegenwartslust begegnen.

ps: Vicosoprano war in früheren Zeiten Sitz des regionalen Strafgerichts. Im Dorfkern können wir das Pretorio besichtigen; hier residierte das Gericht, auch diente das Steinhaus mit Rundturm als Rathaus. Im Inneren zeugen Gruselgegenstände davon, dass im Pretorio die Angeklagten oft gefoltert wurden. Vor dem Haus ist der alte Prangerstein erhalten geblieben (nächster Eintrag).

Wandern: von Maloja auf historischen Pfaden via Belvedere, Casaccia, Löbbia, Pranzaira hinab nach Vicosoprano in drei abwechslungsreichen Stunden.

In der Schädelschraube zermalmt
768011 — **Pranger** — 135636
(GR)

Vicosoprano, das Dorf im Bergell, ist schön mit Bergen, die so zudringlich werden, dass wir beim Betrachten eine Nackenstarre riskieren. Vicosoprano, das Dorf im Bergell mit seinen historischen Gebäuden, ist aber auch gruselig. Vom Galgen draussen im Wald war im letzten Eintrag die Rede. Mitten im Ort finden wir eine andere Einrichtung, die die Justiz von einst und ihre Praktiken bezeugt. Den Pranger. Im Mittelalter hielt der Vogt des Bischofs von Chur Gericht im sogenannten Senwelenturm, der heute als einziger erhaltener Rundturm des Kantons Graubünden gilt. Der Turm aus dem 13. Jahrhundert diente gleichzeitig als Zollstätte. Zu Ende des 16. Jahrhunderts integrierte man ihn ins neue Rathaus und installierte in diesem einen Kerker samt Folterkammer. Heute ist das «Pretorio», wie es heisst, ein Museum, zu sehen sind Quälgerätschaften wie Schandmasken, Halsspangen, Seilzüge. Expressiv ein neuzeitliches Wandgemälde in roten Farbtönen, eine Unglückliche wird von zwei Schergen gerade abgeführt.

Vergleichsweise harmlos mutet der Pranger im Freien an, der ebenfalls im 16. Jahrhundert montiert wurde. Ein rundlicher Stein schmiegt sich an die Hausfassade, an der höher oben zwei allegorische Figuren aufgemalt sind: Justitia, die Gerechtigkeit, mit der Waage. Und Temperantia, die Mässigung, die demonstrativ ihren Wein mit Wasser versetzt. Zum Pranger selber gehört eine Halskette, mit der der Delinquent oder die Delinquentin fixiert wurde. Auch wenn wir die körperliche Pein nicht unterschätzen sollten, derart ausgestellt stundenlang zu stehen, so war diese Strafe doch vor allem eine soziale. Eine, die die angeprangerte Person im Innersten treffen und ihre Stellung in der dörflichen Gemeinschaft herabmindern sollte. Eine Schandtortur. Ein Reiseführer-Autor hat in unserer Gegenwart über ein Foltergerät im Pretorio etwas geschrieben, was auf den Pranger ebenso passt: «Jede Idee von der guten alten Zeit wird in der Schädelschraube zermalmt.»

PS: Nur wenige Pranger sind in unserem Land erhalten. Berühmt ist derjenige in Sursee, Kanton Luzern. Nicht um einen freistehenden Stein wie in Vicosoprano handelt es sich, sondern um ein in die Wand des Rathauses eingelassenes Modell. Neckisch das Regendächlein darüber, wenigstens wurden die Angeprangerten nicht nass.

Tiefsinn waltet
678336 — Felsentor — 209890
(LU)

Die Rigi ist ein Gesamtkunstwerk. Eine Zauberstätte. Ein Kraftwerk der Gefühle, wie man auch schon las. Kein Berg ist sie, sondern eine Welt mit Gipfeln und Bahnen und Kapellen, verrummelt an manchen Orten, still und verträumt an anderen, Pfade noch und noch führen hinauf. Die Rigi hat man nie ganz entdeckt. Der wohl schönste Fussweg auf sie ist uralt. Er führt von Weggis via Bodenberg und Säntiberg zur Heiligkreuz-Kapelle und hernach durch die Sprenggi, einen steilen Abschnitt, der von Sträflingen in die Fluhen gesprengt wurde. Es folgt die Stöckalp. Bei Romiti ist das Trassee der Zahnradbahn erreicht, in ihrer Nähe geht es weiter nach Kaltbad, wo das moderne Botta-Bad wartet. Aber auch das Kalte Bad ist dort sehenswert: eine Kapelle plus eine Quelle in einem diskreten Felsschlitz, zu der Menschen mit Bresten schon vor einem halben Jahrtausend pilgerten. Über Chänzeli, Staffelhöhe, Staffel gelangen wir schliesslich nach Rigi Kulm.

Jetzt zum Felsentor. Drei gewaltige Blöcke bilden zwischen Stöckalp und Romiti ein Portal, das auf Riesen wie Gargantua oder Rübezahl zugeschnitten ist. Ein Rätsel, wie sich die haushohen Blöcke verkeilen konnten. Jedenfalls verleihen sie als natürliche Schwelle dem Gelände Felsentor eine Aura. Einst gab es am Ort eine Speisewirtschaft, dann ein Hotel, das später zum Kinderheim umfunktioniert wurde. Seit 1999 ist eine Stiftung Besitzerin. Sie betreibt der Tradition des Ortes folgend eine winzige Gartenwirtschaft. Doch das ist Nebensache, und ehrlich gesagt fühlt man sich als Wanderer während der Rast wie einer, der in den spirituellen Betrieb eindringt. Das

Felsentor als Institution besteht aus einem Seminarhaus, einer japanischen Meditationshalle, einer Tierschutzstelle, es wird mit Nahrung versorgt von einem Biohof nah Weggis. Im Felsentor wird meditiert, es gibt einen Kursbetrieb, der auf Zen und Buddhismus fokussiert. Tiefsinn waltet.

All das ist mit dem Namen Vanja Palmers verbunden. Der reiche Erbe (CALIDA), ein Zen-Priester, richtete das Felsentor ein als Gelegenheit zur Besinnung, wobei er auch, wenn man der NZZ folgt, «die Menschheit mit psychedelischen Drogen retten» will. Die Zeitung redet von einer «Parallelwelt» Felsentor. Die Rigi, wie gesagt, ist ein Universum, sie ist es auch, was die Menschen betrifft, die an und auf ihr leben. Oder lebten. Onuphrius etwa. So hiess vor mehr als 400 Jahren ein Einsiedler. Er war eine Art christlicher Schamane, läutete das Glöcklein von Heiligkreuz, sammelte Kräuter, sprach mit den Tieren und warnte sie vor den Jägern; er half den Menschen mit Heiltränken und -pflastern und war stets da für sie als Ratgeber. Bis er eines Tages starb. Verschwand, genauer gesagt. Die Gebeine fand keiner. Onuphrius sei geblieben, wird erzählt. In versteinerter Form. Sein Gesicht, das Haupt unter der Kapuze geneigt, der Bart wallend, sei am Hochstein zu sehen. So heisst der oberste der verkeilten Blöcke des Felsentors.

Überhöhtes Quadrat
725223 — Gässlistein — 210114
(GL)

Ennenda liegt gegenüber Glarus rechts der Linth und hat Attraktionen. Zum Beispiel den Hänggiturm. Zu Zeiten der Textilblüte wurden an ihm frisch bedruckte Stoffbahnen zum Trocknen aufgehängt; heute beherbergt er das Anna-Göldi-Museum, das an die im Glarnerland 1782 als Hexe hingerichtete Dienstmagd erinnert. Stolz sind die Leute von Ennenda auf ihre Seilbahn, die in schwindelerregender Fahrt hinauf ins Gebiet Aeugsten fast 1000 Höhenmeter zurücklegt. Und noch ein Wahrzeichen hat Ennenda: den Gässlistein. Sein Name hängt mit den Weggassen zusammen, die auch in diesem Abschnitt das Tal der Linth prägen. Es sind alte Saumwege hangseitig, die teilweise mit Trockenmäuerchen vom angrenzenden Wies- und Waldland abgegrenzt sind. Einer dieser Saumwege führt an Ennenda vorbei, wo Zubringer ins Dorf abzweigen, hinauf nach Mitlödi. Wer ihn benutzte, kam am Gässlistein vorbei, einem Monument von Stein etwas ausserhalb des Siedlungsbereiches; auf der Landeskarte ist er eingezeichnet. Rötlich ist er gefärbt, die Steinart ist Verrucano. Aus bestimmten Winkeln wirkt der Gässlistein wie ein überhöhtes Quadrat, aus einem anderen Blickwinkel

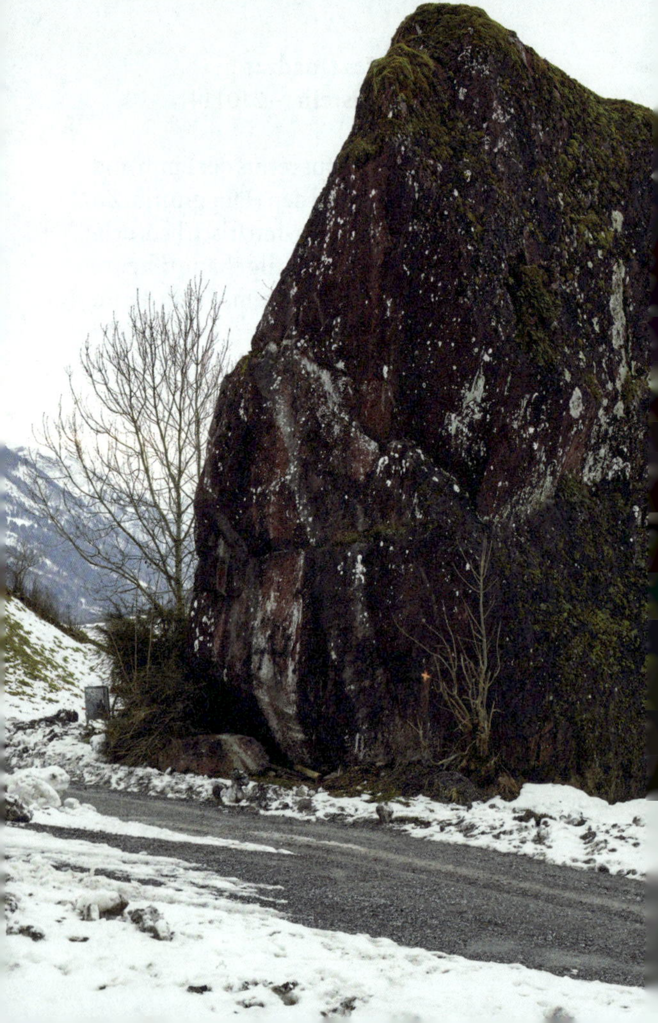

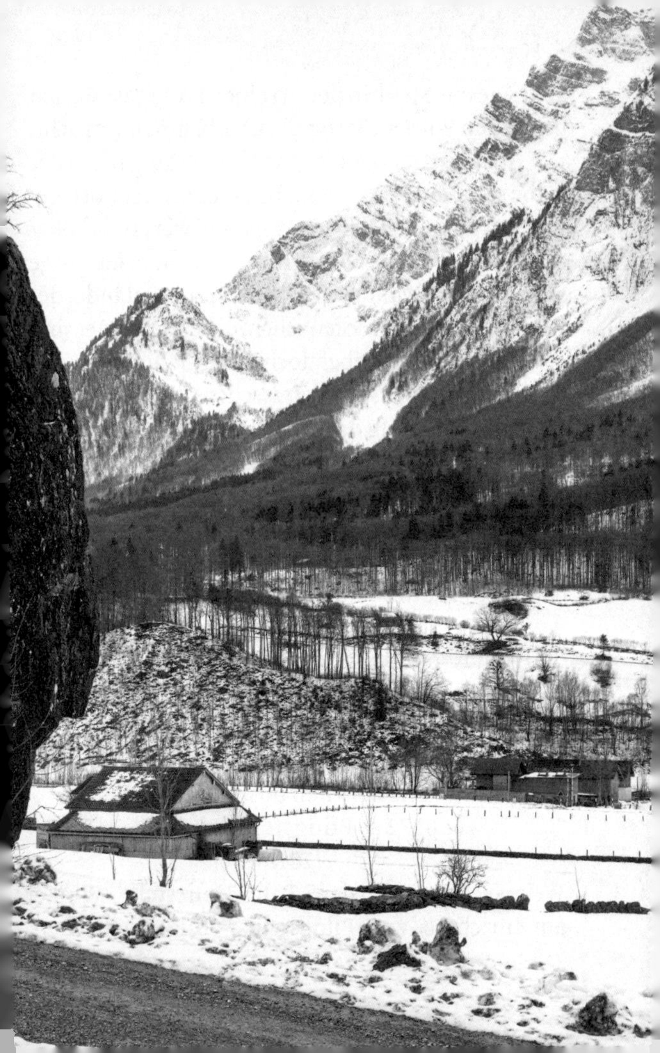

aber wie ein Menhir, der in seiner Trotzgestalt sich gegen den Vorder Glärnisch aufzubäumen versucht.

Allein ist der Gässlistein keineswegs, ganz in der Nähe steht ein etwas kleinerer, aber immer noch gewaltiger Stein ebenfalls am Weg. Und wer etwas höher oben durch den Wald Richtung Uschenriet ginge statt auf dem Wanderweg durch freies Gelände, der würde viele Steinbrocken sehen, die zwar kleiner sind als der Gässlistein, aber doch mit ihm die Herkunft teilen. Bloss ist das Waldsträsschen mittlerweile gesperrt. Steinschlag droht. Das Gebiet ist gefährdet. Am Gässlistein verweilen aber, das ist möglich. Ein rotes Bänkli ist aufgestellt, ein Schild am Stein erinnert an Jakob Oberholzer, 1862 bis 1939, «Erforscher der Geologie der Glarner-Alpen». Ein volkskundliches Detail zum Schluss: In Ennenda war es Brauch, dass die Frauen jeweils am ersten Tag des Jahres, da die Abendsonne nach der düsteren Winterzeit wieder hinter dem Vorder Glärnisch hervortrat und das Dorf beschien, am Gässlistein sich zum Spinnen trafen.

Ein wirklich böser Vater
688572 — **Pflugstein** — 239156
(ZH)

Weit ist es nicht von der S-Bahn-Haltestelle «Winkel am Zürichsee» zum Pflugstein, 25 Minuten reichen, doch kommen wir ins Schwitzen, steil sind die Strässchen und Treppen. 130 Höhenmeter haben wir oben zurückgelegt und stehen nun über den Häusern und Villen. Der lichten Weite des Sees zum Trotz sind dies düstere Gefilde: Das Restaurant Pflugstein, knapp noch auf Erlenbacher Boden gelegen und um 1750 als Rebbauernhaus erbaut, gehörte vor gut 100 Jahren einem Mann, dessen Sohn am Uetliberg ein Rentnerpaar ermordet hatte, um ein paar Fränkli willen, wie auf der Homepage des Restaurants zu lesen steht; der Vater vernachlässigte aus Kummer die Wirtschaft, bis er 1932 konkurs ging und verkaufen musste.

Einige Meter weiter oben, beim Pflugstein, sind wir in der Gemeinde Herrliberg (Seite 77). Mit dem Findling im Gras ist ebenfalls eine schlimme, freilich sagenhafte Begebenheit verknüpft. Ein Zürcher Zauberer, Hartmut mit Namen, soll einst eine schöne Tochter gehabt haben. Sie liess sich mit einem Jüngling ein, was dem Vater gar nicht gefiel; er verbot ihr den Umgang bei Todesstrafe. Und dann sah der Vater eines Nachts in seinem Zauberspiegel, dass ihm die Tochter nicht gehorchte. Die jungen Leute herzten sich im – vermeintlichen – Schutz eines Rosenhages. Der Vater setzte Geister in Bewegung. Sie entfesselten ein Unwetter, worauf die Erde sich öffnete und das Paar verschlang. Auf beider Grab rückten die Geister einen mächtigen Stein; freilich kann dieser nicht verhindern, dass die Toten in manchen Nächten aufstehen und ihn unter Seufzern umwandeln, bis der Morgen graut. Das erzählt uns die Sage zum Pflugstein, der auch Fluchstein heisst.

Und damit zurück in die Wirklichkeit. Der Pflugstein, sichtbares Volumen rund 1000 Kubikmeter, ist der grösste Findling des Kantons Zürich, in den er aus dem Gandstockgebiet im Glarnerland einwanderte. 1939 wurde er auf den Nationalfeiertag hin unter Naturschutz gestellt und entging so der geplanten Sprengung. Ein Schild informiert, dass auf dem Stein seltene Flechten, Farne und Moose gedeihen; weil sich neuzeitliche Kletterer davon nicht abschrecken lassen, wird wenigstens klargemacht, wo am Stein bouldern erlaubt ist und wo nicht. Auf der Nordseite sind Trittstufen sichtbar.

Lesen: Die Sage vom Fluchstein findet sich in *Zürcher Sagen* von K. W. Glaettli, Verlag HANS ROHR, 1970. Das Buch ist eine Fundgrube für Leute, die gern alte Geschichten lesen.

Wandern: Am Pflugstein gibt es eine gute Fortsetzung für Fussgänger: Etwas höher oben zieht sich am Hang der Pfannenstiel-Panoramaweg, der von der Stadtzürcher Tram-Endschleife Rehalp bis zum Bahnhof Feldbach nah Rapperswil führt. Wir können die Visite beim Pflugstein also mit einer mehrstündigen Wanderung durch aussichtsreiches Gelände kombinieren.

Googeln: «Panoramaweg Pfannenstiel» führt zur Wanderroute samt downloadbarem Faltprospekt. «Pflugstein» zum Restaurant. Und «Herrliberg Geschichte Fluchstein» zu Informationen über den Findling.

Thuban pendelt
688690 — Wetzwiler Schalenstein — 238210
(ZH)

Wetzwil ist ein Bauernweiler der Goldküstengemeinde Herrliberg auf einem höhergelegenen Plateau über dem Zürichsee. Nachdem unser Schalenstein 1850 in einer Wetzwiler Bachrunse gefunden worden war, ging er gewissermassen auf Tournee. Zuerst überführte man ihn 1858 zur Wasserkirche in Zürich. Nach der Eröffnung des Landesmuseums in Zürich wurde er dort im Park ausgestellt, zusammen mit anderen markanten Steinen. Und schliesslich kam er als Star wieder heim. Fast wieder heim. In Herrliberg steht er heute auf dem Gelände der alten Vogtei. Vor der Zehntenscheune, die als Kultursaal genutzt wird, finden wir ihn seeseitig im Gras. Um einen Findling handelt es sich, aus rotem Sernifit-

Konglomerat. Besonders gross ist er nicht: 110 Zentimeter lang, 70 Zentimeter breit, 45 Zentimeter hoch. Doch sind da die Schalen, die die Fantasie in Wallung bringen. 13 sind es, die wohl wirklich – so heisst es im kantonalen Inventar – von Menschenhand angebracht wurden.

Als 2006 eine Archäologin in Herrliberg ein Referat hielt, erwähnte sie auch den Wetzwiler Schalenstein; zur Rede kam als Zeitalter, in dem er allenfalls von Menschen bearbeitet wurde, die Jungsteinzeit. In einer Schrift der Naturforschenden Gesellschaft in Zürich aus dem Jahr 1987 wird versucht, dem Stein und seinen Schalen eine astronomische Rolle zuzuschreiben. Allerdings ist der Aufsatz entsetzlich kompliziert und lässt den Leser vollkommen ratlos. Kostprobe der wildwüchsigen Forscherprosa: «Weiter sind die grösstmöglichen Abweichungen der Mondauf- und -untergänge von der Ost-West-Richtung bei 1 Grad Horizontüberhöhung ablesbar (p 46,5 und q 46,5). Im Jahre 2700 v. Chr. war alpha-Draconis (Thuban) Polstern. Nach ihm konnte die Linie t 90 orientiert werden. Später im Jahr 1700 v. Chr. pendelte Thuban 9 Grad im Azimut um die Nordrichtung. Die grössten Abweichungen wurden durch die Schalen vermarcht, die die Tangenten s 81 und r 81 bestimmen.»

Stellen wir uns vor, der Schalenstein von Wetzwil könnte lesen und wäre mit den Gefühlen eines Menschen ausgestattet. Vielleicht würde er über diese Stelle schmunzeln.

Eisversand nach Luzern
692105 — **Schifflistein** — 185958
(UR)

Eine so anstrengende wie schöne Urner Wanderung: vom Bahnhof Erstfeld in fünfeinhalb Stunden via Erstfeldertal, Oberberg, Wilerli, Bockitobel, Waldnacht zum Brüsti. Dort gibt es eine Wirtschaft. Und die Seilbahn, die uns hinabträgt nach Attinghausen. Ein Fehler wäre es, wenn wir bei dieser Unternehmung Erstfeld als banalen Startort nähmen, den es möglichst speditiv hinter sich zu lassen gilt. Erstfeld ist seit dem Bau der Gotthardlinie bekannt als Eisenbahnerdorf, es strotzt sozusagen vor Sozialgeschichte. Gleichzeitig gibt es etliche Häuser aus der Zeit vor der Bahn zu besichtigen. Sowie Kirchen. Besonders hübsch ist die am östlichen Reussufer gelegene Jagdmattkapelle, 1642 geweiht und in unseren Tagen Residenz einer Mausohr-Fledermauskolonie im Dachstock. Im Prospekt des Erstfelder Dorfrundganges kann man lesen, dass die Kapelle nicht von ungefähr südlich anmutet. Als sie gebaut wurde, hatte Erstfeld einen Pfarrer aus dem Maggiatal, und zwei Mitglieder der Baukommission waren zuvor eine Zeit lang Landvögte im Tessin gewesen; jawohl, der eher kleine Kanton Uri war einst Kolonialmacht.

Der Schifflistein liegt schräg gegenüber der Kapelle am westlichen Reussufer. Wir nehmen, um ihn vom Bahnhof aus zu erreichen, die einzige weit und breit zur Verfügung stehende Brücke, über die auch die erwähnte Wanderroute führt. Nach der Brücke biegen wir links ab, gehen kurz flussaufwärts, erreichen eine Mietskaserne. Vor ihr steht am Reussweg der Schifflistein. Er ist von auffallender Schönheit, wozu die Schraffuren beitragen, die nicht nur Geologen in Wallung bringen. Allzu viel ist zum Stein nicht bekannt; zum Beispiel wissen wir nicht, wie er an dem Ort landete. Immerhin ist dies klar: In der zweiten Hälfte des 19. Jahrhunderts, noch vor dem Start der Gotthardbahn, wurde eine Seilbahn eingerichtet, die durch das Erstfeldertal Eis vom Schlossberggletscher transportierte hinab zum Stein an der Reuss. Boote trugen das Eis auf dem Wasserweg nach Luzern, wo die dortigen Brauereien es übernahmen; so kamen die Touristenstadt und ihre Hotelgäste sommers zu kühlem Bier. Oben auf dem Stein ist eine Inschrift aus jener Epoche eingemeisselt, die an militärische

Übungen erinnert. Bis 1955 nutzte die Armee den Schifflistein, um Boote der Genietruppe anzubinden. Er ist irgendwie auch ein Soldat.

Tragischen Gehaltes ist die Inschrift auf einem Metallkreuz am Stein. Sie gemahnt an die «in der Reuss ertrunkenen Kinder». Drei Namen und Lebensdaten sind aufgeführt: Johann Dittli, 1890 bis 1896. Sowie Lina Hofer, 1887 bis 1900, und Hans Hofer, 1890 bis 1900. Mehr steht da nicht. Der Fluss jedenfalls, der am Schifflistein vorbeizieht, ist schön und schrecklich zugleich. Er ist Lebensbringer, indem er Handel und Gewerbe ermöglichte, aber auch Todbringer, indem er Menschen schluckte.
Googeln: «Erstfeld Dorfrundgang» führt zum erwähnten Prospekt.

War es wirklich der Gletscher?
608500 — **Schildchrott** — 230970
(SO)

Nördlich der Stadt Solothurn ist im Grossraum Verenaschlucht ein «Megalithweg» eingerichtet, Start ist vor dem Schloss Waldegg unweit der Bushaltestelle St. Niklaus. Besonders genau ist der Name des Themenpfades nicht: *Megalith* heisst zwar übersetzt «grosser Stein», meint in der Regel aber zusätzlich, dass dieser Stein Teil einer Kultanlage und allenfalls

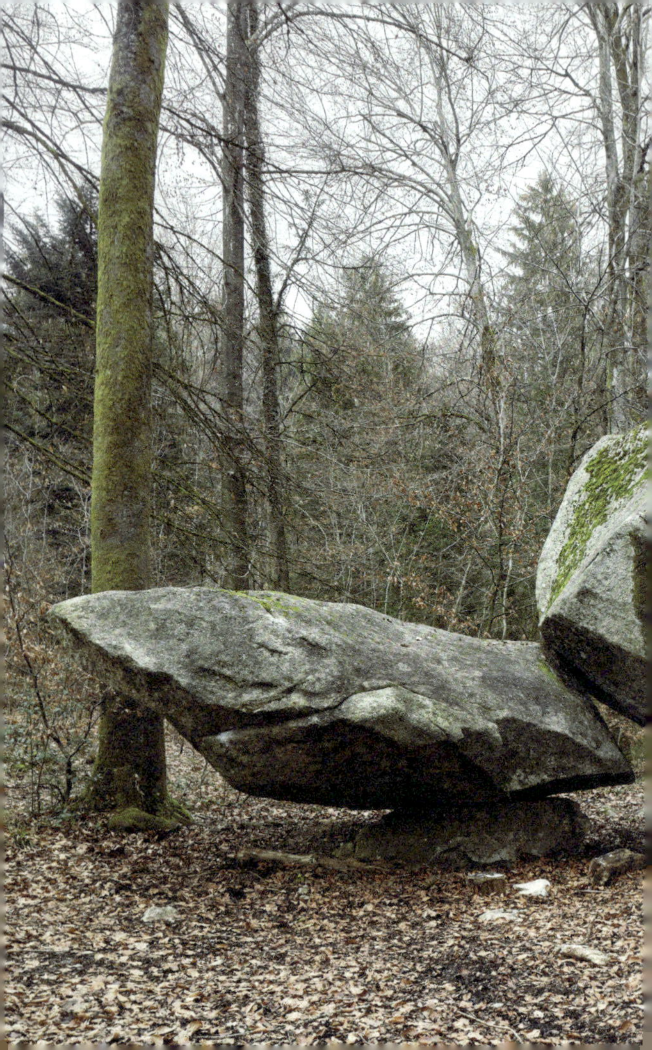

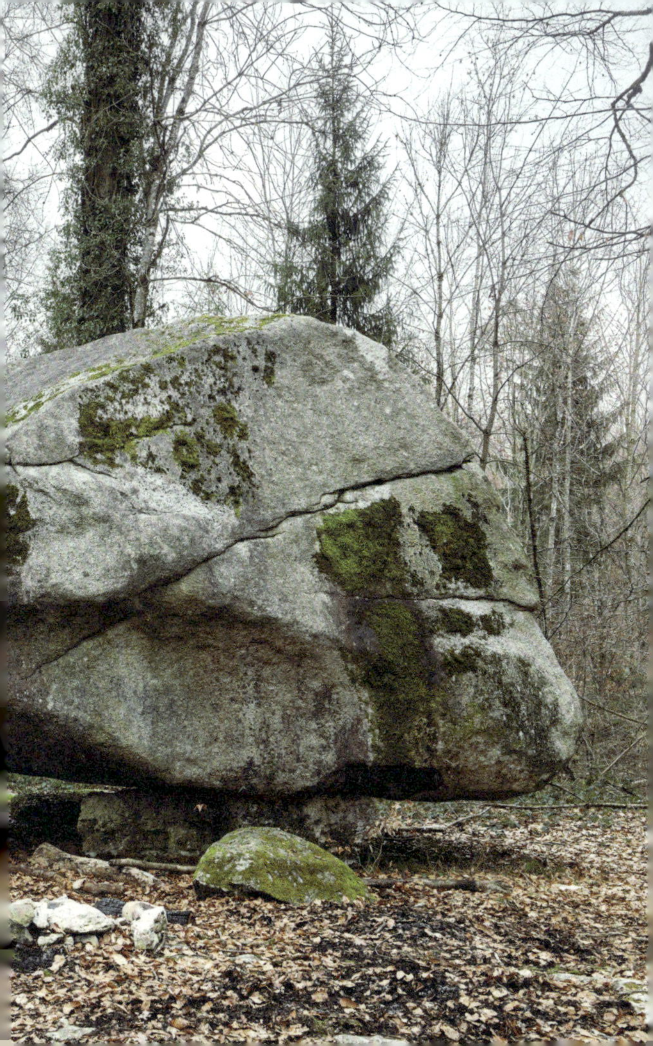

auch von Menschenhand bearbeitet war. Im Fall des Solothurner Megalithweges sind es schlicht Findlinge, an denen wir vorbeikommen; kaum einer von ihnen trägt eine historische Bedeutung, auch wenn damit auf den Tafeln grosszügig spekuliert wird.

Lassen wir das Herumreiten auf einem Begriff, der mit Stonehenge liebäugelt. Die Findlinge am Weg – ein Teil der Hunderte, die in der Umgebung herumliegen – haben einen valablen Zauber. Gut drei Stunden brauchten wir für den Rundgang, denn bei jedem Stein wollen wir innehalten, ihn betrachten oder bestaunen, ihn umkreisen oder gar erkraxeln; insbesondere gilt das für Kinder. Es gibt einiges zu entdecken: Da ist der Rütschelistein, ein klassischer Chindlistein mit einer sagenhaft glatten Rampenfläche, der Frauen helfen sollte, die keine Kinder bekommen konnten; sie mussten auf ihn klettern und hinabrutschen. Da sind aber auch: die Pyramide, das Chli Matterhorn, der Gnappstein, der Froschstein und der Schalenstein.

Der schönste, der imposanteste, der witzigste Stein von allen, das ist der *Schildchrott*. «Die Schildkröte». Verblüffend, wie der grosse Granitblock auf dem kleinen aufliegt, der grosse spielt Schildkrötenpanzer, der kleine Schildkrötenkopf. Im Prospekt zum Megalithweg heisst es: «Es stellt sich die Frage,

ob es ein reiner Zufall war, dass sich beim Abschmelzen des Gletschers die beiden Blöcke genau in der Lage befanden, dass der grössere den kleineren am Abkippen nach links hinderte.» Schade, können wir keine Zeitreise machen und die Geburt der Schildkröte miterleben.
Googeln: «Solothurner Megalithweg» führt zur Homepage samt Prospekt.
PS: Vor oder nach der Begehung des Themenweges lohnt sich die Visite im Steinmuseum in der Solothurner Altstadt. Auch Schloss Waldegg können wir besuchen und das patrizische Lebensgefühl von einst erspüren.

Aus dieser Spalte kommen die Kindlein
618810 — Grosse Fluh — 223180
(SO)

Was ein rechter Geologe ist, der liebt seine Steine. Der Berner Bernhard Studer, Geologieprofessor, Mineraloge und Alpinist, 1794–1887, macht sich Sorgen, all die kostbaren Findlinge im Land könnten zerstört werden. Nicht von ungefähr tut er dies; mancherorts zerschlägt man die Findlinge tatsächlich, um Baumaterial zu gewinnen. 1825 weist Studer darauf hin, dass die Gegend um das Solothurner Dorf Steinhof mit eiszeitlichen Blöcken übersät und also in auffälligem

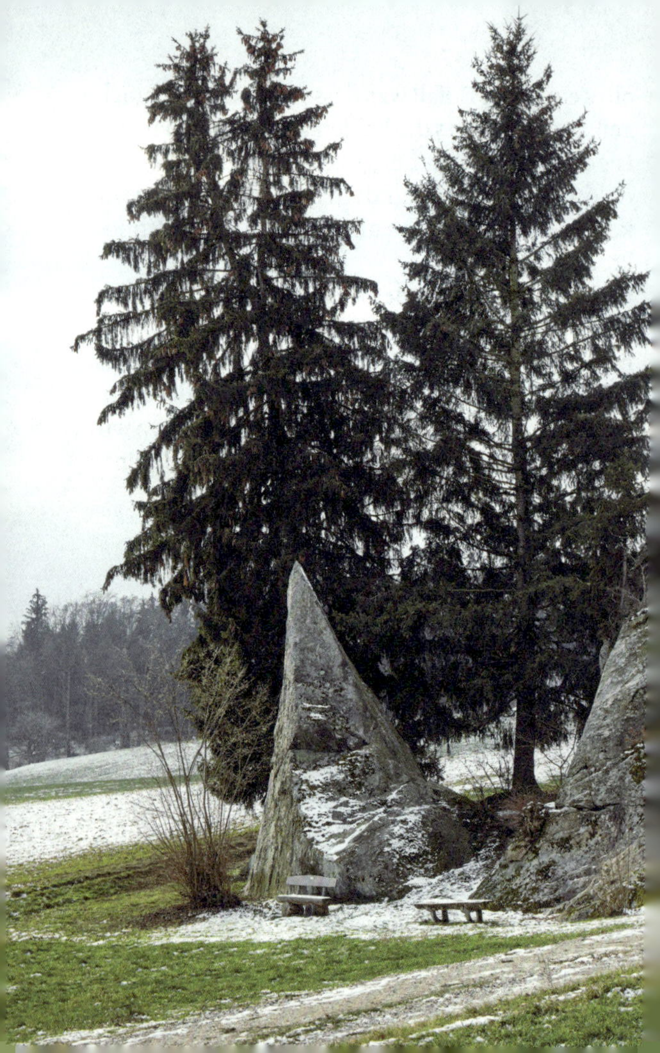

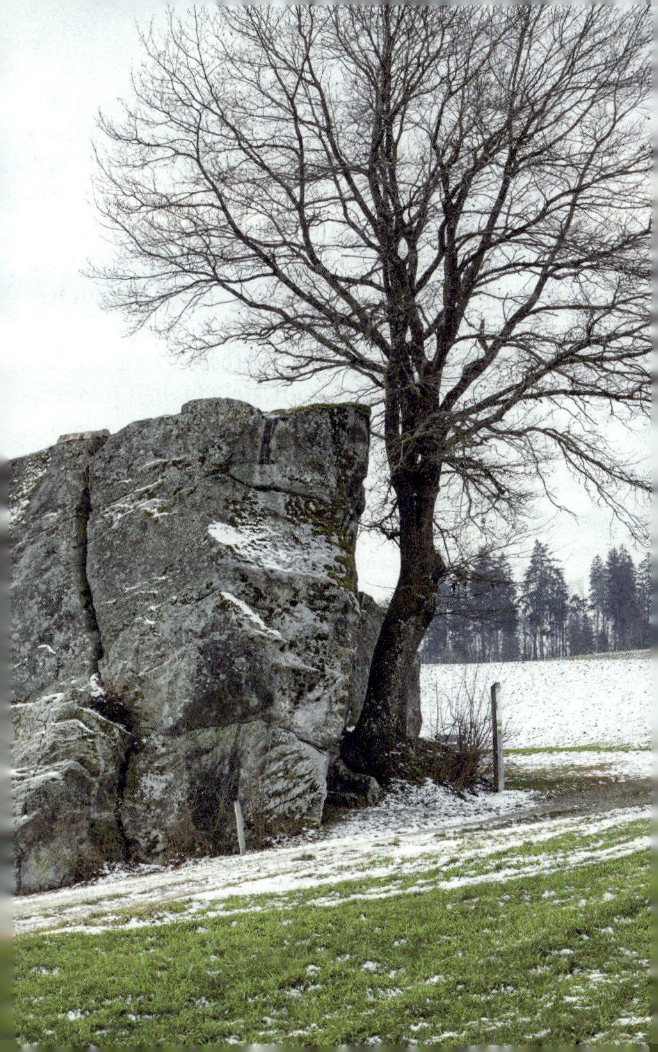

Masse steinreich ist. Besonders gefährdet sei dort die Grosse Fluh. 1856 regt er in einer Sitzung der Schweizerischen Naturforschenden Gesellschaft an, die Grosse Fluh zu schützen. Schliesslich kommt es 1869 zu einer Vereinbarung zwischen der Gesellschaft und Steinhof: Dieses wird seinen Prestigestein für alle Zeiten unverändert erhalten, dafür bekommt es 400 Franken Entschädigung.

Die Grosse Fluh, die als grösster Findling des Schweizer Mittellandes gilt, steht bis heute da. Studer sei Dank! Flankiert von einer spitzen, menhirartigen Nadel, ist der Riese zum Wahrzeichen des Ortes geworden, einer Solothurner Exklave in Berner Gebiet, deren Wappen passenderweise einen Steinbock zeigt. Geklettert wird an der Grossen Fluh nicht mehr ganz so oft wie früher, denn neuerdings gibt es Kletterwände, die von Menschen eingerichtet wurden und viel mehr bieten. Und dass Frauen die Fluh hinabrutschen, weil sie sich ein Kind wünschen: Dieses Fruchtbarkeitsritual, das auch für andere Steine dokumentiert ist – siehe etwa den vorhergehenden Eintrag mit der Erwähnung des Solothurner Rütschelisteins –, dieses obskure Ritual gehört der Vergangenheit an. Einst soll man in Steinhof erzählt haben, die Kindlein kämen aus der Spalte der Grossen Fluh.

Ein solcher Stein beflügelt nun einmal die Fantasien. Er hat die Gabe, Menschen in seinen Bann zu schlagen. Womit wir wieder bei Bernhard Studer wären. Im Wallis, oberhalb von Collombey, ist ein gigantischer Findling nach ihm benannt, der Bloc Studer; dieser ist im Eintrag zur Walliser Pierre des Marmettes im letzten Satz (Seite 260) erwähnt. Unser Professor hat die Ehrung verdient.

Wandern: Auf dem benachbarten, bewaldeten Steinenberg, Kanton Bern, wimmelt es von Findlingen, 1966 zählte eine Seminarklasse 495 Exemplare. Starten wir doch in Grasswil, Oberdorf. Nun gehen wir über den Steinenberg und hinab nach Riedtwil, halten an der Önz nach Norden, biegen auf der Höhe von Hermiswil ab hinauf nach Steinhof. Am Ende steigen wir ab zum Burgäschisee und beenden die lithophile Wanderung nach drei Stunden in Aeschi.

Ist er ein Findling oder nicht?
633110 — Luegibodenblock — 174432
(BE)

Eine Stunde brauchen wir zu Fuss – anders kommt man nicht hin – vom Berner Oberländer Bauerndorf Habkern zum Luegiboden und seinem Stein. Wir gehen hinab zum Traubach, queren ihn auf der Brücke des grossen Brückenarchitekten Robert Maillart, steigen wieder auf. Und dann gehen wir wieder hinab, diesmal zum Lombach, überqueren auch ihn und steigen noch viel steiler auf. Uff, die Stufen sind stellenweise kniehoch. Erst kurz vor dem Luegiboden mässigt sich die Landschaft.

Der Stein auf dem Luegiboden tarnt sich gut, ist vom Wanderweg aus ein unauffälliger Höcker, von Moos überwachsen, von Bäumchen bestanden und tief in den moorigen Boden eingesunken. So richtig erkennen wir seine Grösse nur von der anderen Seite her, von unten, von der Luegiboden-Lichtung, die dem Auge Raum gewährt. «Lugen», daher der Name der Fläche. Einst zog sie die Jugend von Habkern an, die hier erstens der Aufsicht der Erwachsenen entkommen war und zweitens den einzigen Platz weit und breit vorfand, der einigermassen eben war und sich zum Fussballspielen eignete.

Erzählt wird das in einem Beitrag des Schweizer Radios mit viel Information zum Stein. Dessen Geschichte beginnt vor 300 Millionen Jahren. Aus Magma wird er im Erdinneren gebacken und nach oben gedrückt, er findet sich am Rand eines Urzeitmeeres wieder, in das er nun stürzt. Als das Meer sich zurückzieht, legt der Stein in der letzten Eiszeit wohl auf einem Gletscher noch eine kurze Strecke zum heutigen Standort zurück – genau deswegen,

wegen dieser letzten Phase, dürfen wir ihn als «Findling» bezeichnen. Auch wenn er eine ganz andere Historie hat als die meisten anderen Findlinge: Der Gletscher hat an seinem Schicksal wenig Anteil. Die Angaben zu Volumen und Masse schwanken, was auch damit zu tun hat, dass der Körper nur zum Teil über Boden liegt. Sichtbare Masse gemäss der BERNER ZEITUNG: 31 auf 28 auf 14 Meter, dies ist vermutlich der grösste Findling der Schweiz. Wenn er denn einer ist. Zweimal wollte man ihm im 19. Jahrhundert zu Leibe rücken. Zuerst kaufte ihn ein Unternehmer 1841 der Burgergemeinde ab, der Plan war, aus dem Block Material für den Bau der Nydeggbrücke in Bern zu hauen. Doch am Ende scheiterte der Handel daran, dass dieser Granit rötlich und gelblich getönt ist; die Stadtberner fanden das zu exaltiert.

Die nächsten Eigentümer, fünf in der Lokalpolitik verwurzelte Grössen, konnten sich mit den Bodenbesitzern nicht über den Verlauf des Fuhrsträsschens einigen, das zum Block hätte führen sollen und dessen Abbau überhaupt erst möglich gemacht hätte. Es folgte eine Geldsammlung der Naturforschenden Gesellschaft, sie schenkte den Block dem Naturhistorischen Museum Bern. Seit 1868 steht er unter Schutz, eine Plakette vermerkt dies. A propos: Auch besagte Sumpflichtung steht unter Schutz. Unter

Naturschutz. Etwas umständlich wird das Ensemble manchmal «Rütli des Berner Naturschutzes» genannt, weil am Luegibodenblock der Naturschutzgedanke aufkam und die Bernerinnen und Berner eroberte. Die Vorstellung, dass die Jugend von Habkern einst an diesem Ort *tschutete,* beflügelt die Fantasie aber viel mehr.

PS: Drei Dinge. Erstens ist die Eisenbetonbrücke über den Traubach, 1932 erbaut, ein Kleinod, grosse Eleganz bei sparsamem Einsatz von Material. Zweitens gedeiht im Frühjahr auf dem Luegiboden hundertfach das Knabenkraut. Und drittens ist die schönste Wanderfortsetzung die: in weiteren zwei Gehstunden hinauf nach Harder Kulm. Dort warten: das Nostalgierestaurant; die Aussichtsplattform; und die Standseilbahn hinab nach Interlaken.

Wow? Wau!
665600 — Kabisstein — 198130
(NW)

Wow! Aber auch: wau! Der Kabisstein von Ennetmoos liegt in der Wiese neben dem Tierheim Paradiesli, in dem viele Hunde untergebracht sind. Gelassen dürfte er das eine oder andere Urinbächli zur Kenntnis nehmen, so etwas bringt einen Koloss nicht aus der Ruhe. Und davon hat er viel, dieser Brocken am

Rand des Kernwaldes, der auf der Seite zum asphaltierten Tierheim-Vorplatz eine wandartig glatte Fläche aufweist; waren da Menschen am Werk? Woher sein Name kommt: Auch das weiss keiner wirklich. «Kabis», weil die Wiese einst ein Acker war, auf dem Kabisköpfe heranwuchsen? Oder wurde der Name ausgelöst durch die schrundigen Linien, die den Stein waagrecht und senkrecht überziehen und den einen oder die andere an die Oberfläche eines Kabiskopfes oder an dessen Blätter erinnert haben mögen?

Wenn wir uns vor Ort so aufstellen, dass wir von Westen auf den Stein blicken, also vom Tierheim her, dann sehen wir in exakter Ostrichtung den Gipfel des Stanserhorns: einmal kleiner Riese Kabisstein, einmal grosser Riese Stanserhorn. Die Pointe ist, dass die beiden wirklich miteinander in Verbindung stehen; sie sind verwandt. Um 190 vor Christus soll sich in der Gegend ein Erdbeben ereignet haben. Die Folge: Ein Bergsturz, rund 90 Millionen Kubikmeter Gestein sollen vom Stanserhorn niedergegangen sein. Die Trümmer sind nun überall im Gelände anzutreffen. Der Kabisstein ist wohl einer der Steine, die von jenem Ereignis stammen. Unter den Bergsturz-Veteranen zählt er zudem zu den Auserwählten, die durch ihre spezielle Gestalt besondere Beachtung bekamen und gar einen Namen erhielten.

Womit wir beim «Erlebnisparcours Kernwald» wären, der mit der Figur des «Chärwaldräubers» Kinder lockt. Wir reisen mit dem Postauto von Stans her an und steigen in «Kerns, Kernwald» aus. 200 Meter vor dem Halt haben wir zur Rechten den Kabisstein gesehen. Erweisen wir ihm mit einer Visite Reverenz! Danach gehen wir zurück zur Haltestelle respektive zum Waldhüttchen gleich nebenan. Es ist der Startpunkt des Rundganges, eine Broschüre liegt auf, die alles erklärt. Im Lauf der Tour, die zwei bis drei Stunden dauert, treffen wir gleich mehrere Steine, von denen die meisten mit dem Kabisstein die Abkunft vom Stanserhorn teilen. Markante Exemplare sind: der Rossstein, an dem Pferde, die gefälltes Holz aus dem Wald schleppten, gefüttert wurden. Der Bälmelistein, der überhängt und bei schlechtem Wetter Schutz bot. Oder auch der Chuchistein, an dem die Waldarbeiter kochten. Alle diese Steine haben eine Ausstrahlung. Der Kabisstein freilich ist mehr als die anderen, indem er zusätzlich eine politische Grenze anzeigt. Knapp noch steht er auf Nidwaldner Gebiet, während die Postautohaltestelle samt dem nahen Hüttli bereits zum Kanton Obwalden zählt. Alles wahr, hier wird kein Kabis erzählt.

Googeln: «Erlebnisparcours Kernwald» führt zum Rundgang-Prospekt.

Apfelkreuz
815872 — **Platta da las Strias** — 185334
(GR)

Denken wir uns den nahen Golfplatz weg. Das Zweitwohnungsdorf Vulpera. Die Strasse von Schuls nach Tarasp samt der eleganten neuen Betonhochbrücke über den Inn. Und die Rhätische Bahn auf der anderen Seite des Flusses. Blenden wir überhaupt den modernen Verkehr und den Tourismus aus. Und stellen wir uns nun eine mondhelle Nacht vor, in der ein Bauer von Vulpera den Weg nach Florins unter die Füsse nimmt, einem Weiler unterhalb des Schlosses Tarasp, das sich mächtig am Nachthimmel abzeichnet. Der Bauer geht einige Zeit vor Florins über eine Wiese, und plötzlich hört er Wispern und Kichern. Er blickt nach rechts und sieht im sanft sich hebenden Hang seltsame Gestalten, es sind … So, fertig halluziniert. Aber sicher ist dies ein Ort, zu dem ein Hexenstein passt. Eine Hexenplatte, genauer gesagt. Genau so heisst der Stein im örtlichen rätoromanischen Idiom: Platta da las Strias oder auch Platta da las Streas.

Schön, dass die Heutigen den Stein mit Respekt behandeln. Ein brauner Wegweiser zeigt ihn auf dem Wanderweg an und leitet nach rechts zu einer Treppe, die zu einem umhagten Geviert steigt. Der Temenos fällt einem ein, der heilige Bereich der alten Griechen, den es auf irgendeine Art, etwa durch Mauern, abzugrenzen galt; das Wort kommt von *temnein* gleich schneiden. Wir steigen die Treppe hinauf, öffnen das Holzgatter, treten ein, der Stein liegt vor uns als praktisch horizontale Schieferplatte im Boden, dreieinhalb Meter lang, zwei breit. Wir können sie begehen, sollten es aber lassen, denn wer wollte ein Heiligtum mit Füssen treten? Auch ist rundum genug Platz, dass wir die Platte in allen Einzelheiten studieren können.

Heiligtum? Ein solches muss sie dargestellt haben, oder zumindest muss sie zu einem gehört haben oder Anlass und Ziel heiliger Handlungen gewesen sein. Rund 200 kleine, runde Schalen sind in die Platte eingraviert; dass sie auf Menschen zurückgehen und kein Werk der Natur sind, ist gesichert. Dasselbe gilt für die Rinnen, undeutbaren Zeichen, das Sonnenrad, die Kreuze und Apfelkreuze; so heissen Kreuze, deren Enden kugelartig verdickt sind. Die Platte wurde um 1845 entdeckt, dann vergass man sie wieder, bis sie 100 Jahre später ein zweites Mal freigelegt wurde. Ganz nah, es gehört erwähnt, stand der Galgen der Richtstätte. All das trägt Sinn. Bloss – welchen? Und von wann stammen die Zeichen? Darüber können wir endlos spekulieren. Vielleicht besser

ausserhalb des Holzhags. Denn wenn wir drinnen zu lange stehen, spüren wir plötzlich an den Beinen ein Jucken. Mit Hexenzauber hat das nichts zu tun. Um die Platta da las Strias haben sich Ameisen angesiedelt.
Wandern: Vom Bahnhof Scuol-Tarasp hinab zum Inn, über eine Brücke und flussaufwärts bis zum Wanderweg-Verzweiger unterhalb der Strassenbrücke. Von dort nach Vulpera, nach Villa Maria und nördlich des namenlosen Hügels mit dem höchsten Punkt auf 1444 Metern nach Florins und Tarasp. Die Wanderung dauert zwei Stunden und könnte in Tarasp am See unter dem alten Schloss nicht toller enden. Vor Florins sind wir an der Hexenplatte vorbeigekommen. Diese ist genug imposant, um auch Kinder zu faszinieren.

Flieg, Seele, flieg!
575850 — Pierre Percée — 250630
(JU)

Die Pierre Percée von Courgenay, der «Durchbohrte Stein», kurbelt die Fantasie an. Er sei zur Feier des Sieges des Germanenführers Ariovist über die Gallier errichtet worden, glaubte man einst. Oder dann soll er den Triumph der Römer über die Germanen belegt haben. Zauberkraft schrieb man dem Stein auch zu wegen der ovalen Öffnung von 35 auf 41 Zentimetern;

was durch sie passiere, ziehe sich einen Segen zu, hiess es früher. Und einst soll von der Pierre Percée ein rätselhafter Reiter gekommen und wieder verschwunden sein – das erinnert an die apokalyptischen Reiter in der Offenbarung des Johannes in der Bibel.

Die Fakten der Archäologie zeigen in eine andere Richtung. Der Monolith aus Kalk, 2,5 Meter hoch, stammt aus der Jungsteinzeit. Rund 5000 Jahre alt ist er. Vermutlich gehörte er zu einem Kollektivgrab, einem Dolmen; sicher wissen wir, dass der Stein bereits im 18. Jahrhundert dort stand, wo er heute steht: ein wenig ausserhalb von Courgenay. Wir finden ihn 400 Meter vom Bahnhof entfernt an der Strasse nach Pruntrut, nach ihm benannt ist dort die Postautohaltestelle. In dem Dolmengrab fungierte der Stein wohl als Fassadenplatte, diese Art Grab war in der Regel von einem Erdhügel, einem Tumulus, bedeckt, sodass bloss die Fassadenplatte zu sehen war. Von alledem ist – wie auch von den Begrabenen und dem ihnen Beigegebenen – nichts übrig geblieben, von dem wir wüssten. Und also steht die Pierre Percée mysteriös da samt ihrem Loch.

Auch andere Dolmengräber hatten solche Löcher, man deutete sie lange als Passage, durch die gemäss Auffassung der Damaligen die Seelen der Toten ein- und ausschlüpfen konnten; freilich ist die Idee des

Seelenloches heute überkommen. Dass der Stein von Courgenay geschätzt wird, verrät sich darin: Neben ihm erhebt sich eine Metallstange, von der ein Glasdach abgeht, das ihn vor Regen und Schnee schützt. Auf dass er ewig bleibe. Und wie sollen wir ihm nun zustreben? Eine schöne Wanderung ist die von St-Ursanne über den Mont Terri nach Courgenay, rund vier Stunden brauchen wir für die Route. Sind wir dann in Courgenay, gehen wir zum Stein. Und tut uns jetzt zum Beispiel das Knie oder der Rücken weh, halten wir die schmerzende Stelle an den Stein. Der soll durch reine Berührung kleine körperliche Leiden beseitigen. Wie auch nicht, da er doch selber ein Überlebenskünstler ist.

Steinzeitjägerlager
579976 — **Pierrafortscha** — 181374
(FR)

Drei Männer in Fellkleidung, der eine hat neben sich einen Wurfspeer. Die Männer kauern um ein Feuer und braten etwas am Spiess; sieht aus wie ein Kaninchen. Es müssen Jäger sein. Hinter ihnen sehen wir eine Hütte, ein einfaches Konstrukt aus Ästen und Moos. Die Szene – reine Fantasie, Kopfkino des Autors – spielt in der Mittelsteinzeit. Und sie spielt vor einem riesigen Stein. Der, markant gespalten, heisst

Pierrafortscha und steht südwestlich des Dorfes, dem er den Namen gegeben hat. In prähistorischen Zeiten motivierte er zur Einrichtung eines Lagerplatzes mit einem Unterstand.

Der Stein schützte vor dem Wind ebenso wie der nahe Hügel, und Wasser konnten die Steinzeitler aus dem nahen Bächlein schöpfen. 1983 fanden Archäologen an dieser Stelle und 80 Meter entfernt behauene Steine, Werkzeuge aus grauem Quarzit, und zogen ihre Schlüsse: Mittelsteinzeit eben, die Zeit, als es noch keine Landwirtschaft gab. Heute ist der Pierrafortscha Teil einer agrarischen Kulturlandschaft und gehört zur Naherholungszone der Leute aus der Stadt Freiburg, die bloss drei Kilometer entfernt liegt. Ein Bänkli und eine Abfalltonne gehören zur Möblierung, Wanderer, Jogger, Biker kommen vorbei.

Einst in unserer Neuzeit war der Stein, geschätztes Volumen 330 Kubikmeter, noch mächtiger. Doch auch ihn machte man zum Baustofflieferanten und ruinierte seine ursprüngliche Gestalt. *Pierrafortscha* ist Freiburger Patois für *Pierre fourchue,* gegabelter Stein oder auch Gabelstein; aber so richtig sichtbar oder gar einprägsam ist die Gabelung nicht mehr. Immerhin konnte man das Schlimmste verhindern, nämlich die totale Zerschlagung und Vernichtung dieses Findlings aus Mont-Blanc-Granit, der per

Rhonegletscher in der letzten Eiszeit angereist kam.
Eine verblichene Inschrift berichtet von der Rettung.
Gemäss ihr ging der Stein 1920 durch Schenkung an
das Naturhistorische Museum in Freiburg über; eine
Patrizierfamilie aus der Gegend machte es möglich
und sorgte dafür, dass die Gemeinde Pierrafortscha
den Stein noch hat, nach dem sie benannt ist.

Wo ist die Statue geblieben?
683217 — **Tellsockel** — 247507
(ZH)

Zu einer rechten Stadt gehören Mysterien. In Zürich
findet man eines auf dem Lindenhof: einen nackten,
funktionslosen Sockel. Was ist dieser Lindenhof, die
Anhöhe über der Limmat, nicht alles gewesen, seit der
Linthgletscher vor rund 20 000 Jahren den Moränenwall schuf! Die Kelten siedelten an der Stelle und trieben Handel. Die Römer bauten ein Kastell. Im 9. Jahrhundert entstand eine erste und zwei Jahrhunderte
später eine zweite Pfalz, eine zeitweilige Residenz
für Königsfamilien auf Tour durch ihre Ländereien.
Und endlich schufen der städtische Adel und die
Kaufmannschaft, als sie 1218 die Führung übernahmen, den Platz in der heutigen Form, indem sie die
Pfalzburg schleiften, die Hügelkuppe einebneten und
einen Platz anlegten; ein Teil der Terrasse diente noch

einige Zeit als Friedhof für Vornehme. Im 18. Jahrhundert wollte man die Fläche ein wenig erneuern und verschönern. Man stellte um 1780 in der barocken Gartenanlage zum Plaisir der Flaneure Statuen auf, darunter eine des Wilhelm Tell, Armbrust geschultert, den Walterli an der Hand. Knapp zwei Jahrzehnte später fielen Napoleons Truppen ein. Die Franzosen instrumentalisierten das Image Tells als Freiheitsbringer. Die Zürcher mussten auf dem Lindenhof antraben, um den Eid auf die neue Verfassung abzulegen. Das geschah vor der Tell-Statue, die mit einem behelfsmässigen Tempel geschmückt wurde.

Einige Zeit später musste der Tell büssen, dass ihn die Besetzer zu ihrer Leitfigur gemacht hatten. In einer Novembernacht des Jahres 1800 entführten Unbekannte die Statue. Franzosenhasser wohl. Nur der Sockel blieb. Klammheimliche Freude machte sich breit in der Stadt. Ob die Übeltäter dieselben waren wie jene, die auf dem Münsterhof den Freiheitsbaum der Franzosen fällten? Von der Statue ist jedenfalls, auf der Rennweg-Seite des Lindenhofs, dort, wo Freiluftschach gespielt wird, bloss der Sockel übrig geblieben. Wenn er es denn ist, was laut Andreas Motschi von der Zürcher Stadtarchäologie mit grosser Wahrscheinlichkeit so sein dürfte. Wer weiss, vielleicht kehrt Wilhelm ja eines Tages zurück und wird wieder installiert. Bis dann hat Zürich ein Rätsel: ein gut 70 Zentimeter hohes, unmarkiertes, funktionsloses Piedestal aus Sandstein.

Ein 14-Tönner auf Reisen
695319 — Heer-Gedenkstein — 261810
(ZH)

Wenn einer eine Reise tut, so kann er was erleben. Die Mitreisenden ebenfalls. Per Bahn transportierte man den künftigen Heer-Gedenkstein, 14 Tonnen schwer, vom Hang der Cadera oberhalb Poschiavo nach Winterthur. Auf einem Abstellgeleise des Bahnhofs wurde er zwischengelagert, um schliesslich auf ein sechsrädriges Fuhrwerk verladen zu werden. 21 Pferde zogen ihn an den unteren Rand des Brühlbergs, 3 weitere wurden zugespannt, dann ging es den Hang hinauf. Ein Traktor half ebenfalls, und doch versanken die Wagenräder im Lehmboden und kam das Fuhrwerk zum Stillstand. Man musste längere Zeit warten, bis der Boden gefroren war, um den Stein ganz nach oben zu schaffen. Am 23. Juni 1928 feierte man die Einweihung des Monuments, eine Inschrift gedenkt Jakob Christoph Heers, 1859 bis 1925, und erwähnt die Stifterin, die Gemeinde Poschiavo, die so ihren Dank für den Roman *Der König der Bernina* zum Ausdruck brachte.

Heer war am Fuss des Brühlbergs in Töss geboren worden, damals eine eigenständige Gemeinde, heute Teil der Stadt Winterthur. Töss wandelte sich in seinen Jugendjahren vom Winzerdorf, in dem man Täuflingen ein Tröpflein Roten einflösste und die Leichen dahingegangener Rebbauern mit ihrem eigenen Wein wusch, zum Industriestandort. Der Vater war Werkmeister bei Rieter und verstand es gar nicht, dass sein Joggeli sich aufs Schreiben verlegte. Auch dass Joggeli Feuilletonredaktor der hochangesehenen NEUEN ZÜRCHER ZEITUNG wurde, stimmte ihn nicht froh. Aber der Joggeli hatte seinen Weg mit Bedacht gewählt und wurde gar Schriftsteller. Er verfasste Bücher, in denen sich die Inbrunst des Heimatromans mit kritischen Gedanken zum aufkeimenden Tourismus und der Verkommerzialisierung der Berge vermischt.

Jakob Christoph Heer war ein vielgelesener Literat, vor allem die Deutschen mochten ihn, schätzten die gekonnten Alpenschilderungen und reisten gern zu den Schauplätzen der Romane. Also etwa nach Poschiavo. Der Erste Weltkrieg freilich ruinierte Heer, sein deutscher Verlag konnte nicht mehr zahlen, seine Einkünfte lösten sich in Luft aus, er starb als gebrochener Mann. Zum Stein auf dem Brühlberg gehört ein Relief mit Heers Konterfei; unter dem Stein ist die Urne mit der Asche beigesetzt. Sein Erfolgswerk *Der König der Bernina* wurde später zweimal verfilmt.

Wandern: Vom Bahnhof Winterthur schafft man es zu Fuss in 40 Minuten auf den Brühlberg. Der von Weitem sichtbare Sendeturm, 130 Meter hoch, besitzt auf 34 Metern eine Aussichtsplattform, zugänglich über eine luftige Wendeltreppe. Am Fuss des Turms ist eine Grillstelle eingerichtet. Der Heer-Stein liegt 200 Meter südlich und ist auf der Karte eingezeichnet.

Professor verliebt sich in Findling
682629 — Escherblock — 247152
(ZH)

Dieser Findling hat Tramanschluss. Ganz nah hält bei «Selnau, Bahnhof» der Achter, wir sind mitten in Zürich, unweit steht die Neue Börse. Das Haus Selnaustrasse 9 ist stattlich, einst war es das Bezirksgebäude. Heuzutage betreibt die Psychiatrische Universitätsklinik Zürich darin ihr «Zentrum für Abhängigkeitserkrankungen»; draussen stehen in der Regel verwitterte Leute, die grad eine rauchen. Der Findling sitzt im Gartenseviert vor dem Haus und ist immerhin der grösste der Stadt, gut 80 Tonnen schwer bei 4 auf 3,5 auf 2,5 Metern; er ist «ein wirklich

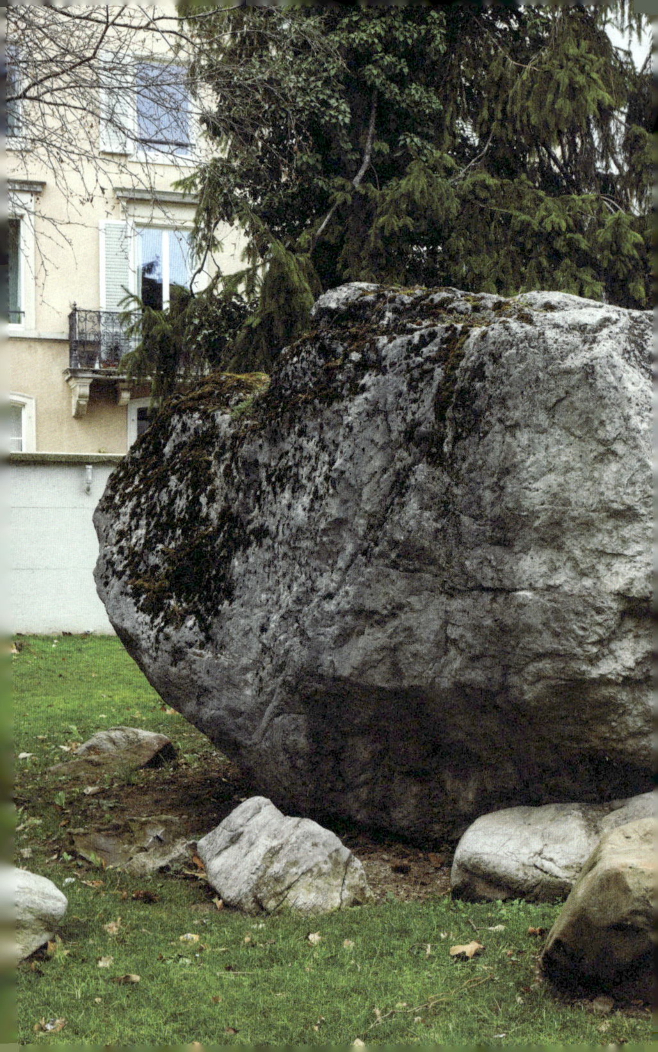

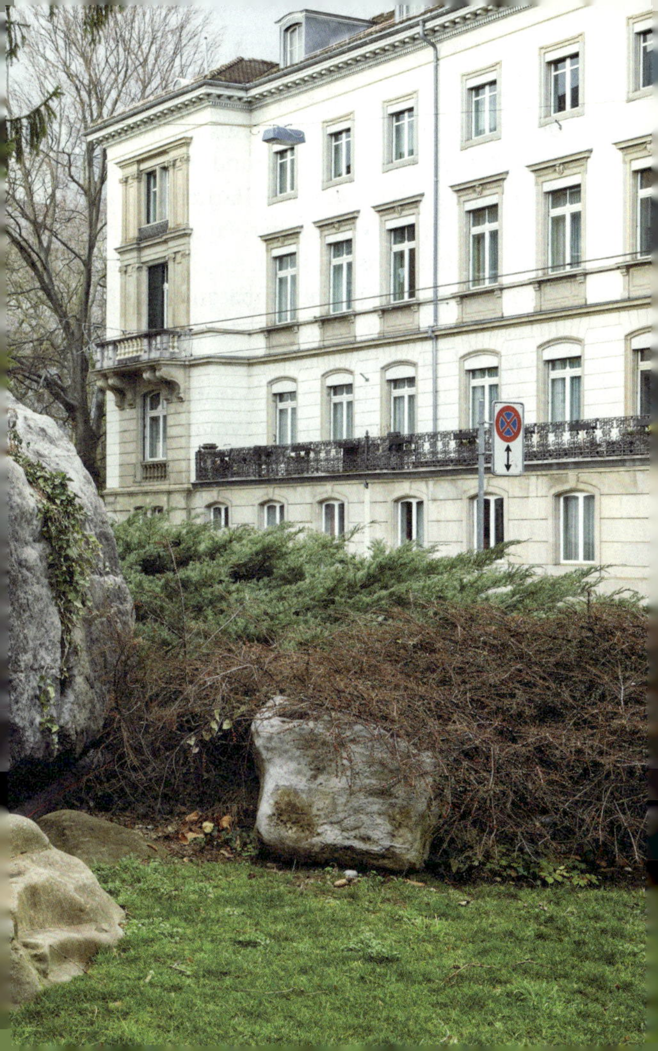

bemerkenswerter Brocken», wie ein ETH-Geologe dem TAGES-ANZEIGER sagte. Aus dichtem Kalk besteht der Stein und kam vor rund 18 000 Jahren mit dem Linthgletscher aus den Glarner Alpen.

Sein alter, fast vergessener Name Escherblock erinnert an den grossen Escher. An einen der grossen Escher. Es gab den Eisenbahnbaron des 19. Jahrhunderts Alfred Escher. Und es gab Hans Conrad Escher, dessen Lebenswerk die Linthkorrektion war, wofür ihm der Kanton Zürich 1823 postum den erblichen Titel «von der Linth» verlieh. Womit wir bei seinem Sohn wären, Arnold Escher von der Linth, 1807 bis 1872, um den es hier geht. Er gilt als Urvater der Zürcher Geologie, war der erste Geologieprofessor in Zürich, erstellte bedeutende Karten der Schweizer Bergwelt und erkannte sowie deutete als Erster den Moränenkranz von Zürich.

Dieser Arnold Escher rettete den Selnau-Findling, als dieser bedroht war. Aus dem eigenen Vermögen zahlte Escher, da der Staat es nicht tun wollte, die Überführung des Steins aus den Baugruben der gegenüberliegenden Häuser auf die andere, heutige Seite zum Bezirksgebäude. Das kostete viel Geld: 6000 Franken. Hochverdient, dass der «Exot in der City» (TAGES-ANZEIGER) den Namen Escherblock bekam – da hat sich ein Professor in einen Stein verliebt.

Vorsicht, Drehtür!
572390 — **Pierre Agassiz** — 201241
(FR)

Louis Agassiz, geboren 1807 in Môtier am Fusse des Mont Vully, gestorben 1873 in Cambridge, Massachusetts. Der Freiburger errang sich weltweites Ansehen als Zoologe, Paläontologe, Geologe und Glaziologe und wurde 1847 Professor an der Harvard University in Amerika. Nach ihm ist das Agassizhorn im Berner Oberland benannt, ein Nachbargipfel des Finsteraarhorns; einst erforschten Wissenschaftler, darunter Agassiz, die dortige Gletscherwelt. Was lange kaum bekannt war und das Bild des grossen Agassiz trübt: Er betrachtete schwarze Menschen als minderwertig und verachtete sie. Um diese Inferiorität zu belegen, liess er Fotografien von Sklaven anfertigen, darunter diejenigen eines Mannes aus dem Kongo namens Renty. Der St. Galler Gymnasiallehrer Hans Fässler brachte all das in unserer Gegenwart ans Licht, samt dem Namen des unglücklichen Renty. Mit dem Komitee «Démonter Agassiz» betreibt Fässler die Umbenennung des Agassizhorns in «Rentyhorn».

Der Stein, der von der Kontroverse nicht betroffen scheint, obwohl er ebenfalls nach Agassiz benannt ist, findet sich am Hang des Mont Vully hoch über dem Broyekanal. Auf der Karte ist er eingezeichnet, sodass sich lange Wegbeschreibungen erübrigen; die Route von Lugnorre hinauf zu ihm, dann zum Gipfelpunkt des Berges und hinab nach Sugiez ist ergiebig und sehr aussichtsreich. Der Findling, Volumen rund 280 Kubikmeter, Herkunft Rhonegletscher, liegt in einer Mulde und wirkt wie eine in diese geplumpste Kugel. In roter Schrift trägt er den Namen von Agassiz sowie dessen Geburts- und Sterbejahr. Eine Tafel informiert, dass Agassiz, in der Nähe geboren, einer jener Ersten war, die die Erkenntnis formulierten, dass es einst Eiszeiten gab. Und dass Findlinge auf Gletschern anritten und nicht von Riesen deponiert oder per Vulkaneruption herbeigeschleudert worden oder vom Mond gefallen waren.

Warum aber tangiert der Streit um Agassiz nicht die Pierre Agassiz? Diese stehe für Agassiz' Gletschertheorie und nur für diese, sagt Hans Fässler; es würde «wenig Sinn machen», den Stein umzubenennen. So wird der Name Agassiz an dieser Stelle wohl bleiben. Wobei der Stein noch einen zweiten Namen trägt, Pierre du Palet Roulant, Stein der rollenden Scheibe; *Palet* bezeichnet einen runden Stein oder eine Scheibe in Spiel und Sport. Mindestens zwei Sagen sind mit dem alten französischen Namen verbunden. Die erste: Der Riese Gargantua soll einst durch die Gegend gezogen sein. Als ihn ein Schuh im Stein zwickte, entfernte er diesen und liess ihn liegen. Die zweite Sage: Der Teufel wohnte am Mont Vully. Gargantua legte sich mit ihm an, es kam zum Kampf, Gargantua schleuderte einen Stein auf das Haus des Teufels. Der machte daraus eine Türe zu seinem Palast. Sie soll sich jeweils um Mitternacht drehen und den Eintritt freigeben. Wenigstens war das so, bis die Kirche den Stein exorzierte und den Teufel aus der Gegend vertrieb. Dieser hatte zuvor ab und zu Einheimische gelockt, die dank des Drehmechanismus in den Palast gelangten und dort endeten. Gut, sind diese Zeiten vorbei. So ist der Agassizstein ein perfektes Ausflugsziel.

Eine Schale pro Verbrecher
612437 — **Pierre des Sauvages** — 118957
(VS)

Jeder Kanton, jede Region, jedes Dorf und jede Talschaft hat ein Selbstbildnis. Eine Idee von sich selber. Einen Mythos, einen Entwurf, eine Erzählung, in der die Menschen sich selbst erkennen. Und mögen. Die Anniviards, die Leute des Walliser Seitentals Val d'Anniviers, liebäugeln damit, wilder zu sein als die benachbarten Stämme. Mal sagen sie, sie stammten von den Hunnen ab, dann wieder sind es die Kelten oder aber die Sarazenen, herumstreifende Araber;

ein besonders schöner alter Wasserkanal, der Bisse des Sarrasins von Pinsec nach Vercorin, nimmt im Namen die Araber-Idee auf.

Beweise für all die Theorien gibt es nicht. Aber eigen ist das Tal schon; es wimmelt dort zum Beispiel von *Pierres à cupules,* Schalensteinen. Viele tragen exotische, meist vom Patois geprägte Namen: Pierre du Pichiou, Pierre du Rawuyres, Pierre de Pra Ferwen, Pierre du Pralic, Pierre du Scex de Roua, Pierre du Boccard, Pierre du Dewen du Sché, Pierre du Gillioux, Pierre de Côta de Maya. *Pierre des Sauvages,* Stein der Wilden, klingt im Vergleich simpel. Doch ist dieser Stein, Standort Saint-Luc, der bekannteste und wichtigste Schalenstein im Tal. Regelmässig versammeln sich die Dorfbewohner am sommerlichen Fest *Nuit des chants lointains* bei ihm und feiern ihn.

20 Minuten brauchen wir von der zentralen Place de la Marmotte im Dorf, der Weg führt steil den Hang hinauf, von unten erkennen wir fürs Erste bloss, dass die Pierre des Sauvages, einer der grössten oder gar der grösste Schalenstein der Schweiz, in mehrere Teile zerborsten ist. Von oben sehen wir mehr. Der eine Teil der Pierre ist praktisch flach, insgesamt sollen es 300 bis 350 Schälchen sein, die eingemeisselt sind. Wie der Stein an diesen Ort kam und seine Gestalt erlangte, das erzählt eine Sage. Ihr gemäss soll

einst ein Priester die Feen am Berg erzürnt haben. Sie holen sich auf dem Gipfel der Bella Tola einen Felsblock und schleuderten diesen Richtung Dorf. Ein Zauber oder Bann verhinderte die Katastrophe, der Block stürzte vorzeitig zu Boden. Die Feen gaben nicht nach, zogen und schoben, worauf er in drei Teile zerbrach.

Und die Schalen? Es gibt Leute, die sagen, jede Schale habe einst einen Dorfbewohner repräsentiert; die Linien, die einen Teil der Schalen verbinden, drückten Verwandtschaft aus. Ebenfalls kursiert die Vorstellung, dass Verbrecher an dieser Stelle Gott oder göttliche Mächte um Vergebung anflehten. Jede Schale stellt aus dieser Sicht einen dieser Verbrecher dar. Und die Tiefe der Schale zeigt den Grad seiner Schuld an. Die Pierre des Sauvages ist als vormodernes Strafregister deutbar.

Wandern: Die Pierre des Sauvages besucht man am besten einfach so, ohne den Zusammenhang einer grossen Route. Eine lohnende Wanderung zuvor oder danach: Von Saint-Luc fahren wir mit der Standseilbahn hinauf nach Tignousa. Auf einem angenehmen Höhenweg erreichen wir in anderthalb Stunden via Chalet Blanc das Hotel Weisshorn an der Kante über dem Tal. Im Winter ist die Strecke gespurt und ausgeschildert, das Hotel in der Regel ebenfalls offen.

Das erste Gesicht der Schweiz
564411 — Der Lächler — 206326
(NE)

Eines der ergiebigsten Schweizer Museen steht in Hauterive bei Neuenburg am See. Der Besucher des Laténium unterhält sich schon im Freien bestens. Ein eisenzeitlicher Grabhügel und eine keltische Brücke sind zu sehen, ein römischer Kräutergarten, ein Pfahlbauerhaus, eine Jägerlagerstelle der Altsteinzeit. Im See ist ein galloromanischer Lastkahn versenkt, dessen grünlich veralgte Silhouette man von einem Steg ausmacht. Auch sind da neolithische Menhire und Schalensteine. Sowie ein Dolmen, ein Sammelgrab von 3000 vor Christus, ausgegraben im selben Kanton nahe Auvernier: aufrecht stehende Schieferplatten, von einem weiteren Flachstein bedeckt.

Im Inneren des Museums dann ein frappierender Moment. Was uns anlächelt, ist das erste Gesicht der Schweiz. Es besteht aus einer langen Nase und einem kleinen Mund. Weiter unten wird die Sache spekulativ: Ist da ein Bart? Die Hände sind bei den Schultern eingraviert, die Finger ausgearbeitet. Aber was sind das für waagrechte Parallellinien auf Brusthöhe? Sind es Rippen oder ein Brustharnisch?

Der Menhir mit dem Gesicht wurde 1996 in Bevaix-Treytel, Kanton Neuenburg, aus der Erde geholt anlässlich des Autobahnbaus. Er stammt von circa 4500 vor Christus, also aus der Jungsteinzeit, und wurde wohl vor dem ersten Dorf in Seenähe aufgestellt, von dem man heute weiss. So Laténium-Direktor Marc-Antoine Kaeser. Die Gesichtszüge dürften spätere Jungsteinzeitler eingemeisselt haben.

Die Archäologen wissen nicht allzu viel über die damalige Glaubenswelt. Immerhin: Man fand am Neuenburgersee eine Herdstelle mit Resten von Getreide, das womöglich zu kultischen Zwecken verbrannt wurde – eine Art Erntedankzeremonie. Auch wurde in einem Fall, obwohl der See nah war, eine Quelle gefasst; wohl auch aus religiösen Motiven. Belegt sind an einer Stelle rituelle Dreschpraktiken; huldigte man einer Gottheit für die Gabe Getreide? Der Menhir mit dem Gesicht ist über drei Meter hoch und wiegt fast drei Tonnen. Laut Marc-Antoine Kaeser bauten die Menschen damals in der Jungsteinzeit, im Wechsel vom Jagen und Sammeln zur Landwirtschaft, eine neue Welt. Sie erschufen sich eine Ideologie, zu der ein Eigentumsbegriff gehörte. Steine wie dieser bezeugten, so der Experte, die symbolische Inbesitznahme des Bodens durch die Gemeinschaft.

Und was den Mann auf dem Menhir angeht: «Er war gewiss kein Mensch, der existiert hat. Es dürfte sich um den mythischen Vorfahren einer jungsteinzeitlichen Gemeinschaft handeln.» Kaeser vergleicht ihn mit Wilhelm Tell. Beide Gestalten seien, wiewohl ausserhistorisch, ungemein bedeutsam für das Selbstverständnis ihres jeweiligen Kollektivs. Wer unsere Frühestgeschichte näher kennenlernen und verstehen will, der besucht mit Vorteil das Laténium. Dort blickt er ihr ins Gesicht.

Wandern: Neuenburg, See – Palafitte – Laténium – St-Blaise – La Tène, Camping – Zihlkanal – Rothaus – Ins. Viereinviertel Stunden.

Der Triotreff
695050 — Dreiländerstein — 224370
(SZ/ZG/ZH)

Von Biberbrugg den Höhronen ersteigen und ihn der Länge nach überschreiten, um schliesslich zum Ratenpass hinab zu halten: Das ist vom frühesten Frühling bis in den spätesten Herbst eine splendide Wanderung. Sie dauert gut drei Stunden und offeriert dem Auge den Anblick diverser Gewässer: Zürichsee, Obersee, Hüttnersee, Sihlsee und Ägerisee. Etwas allerdings ist nicht mehr da auf dem Höhronen: der 70 Meter hohe, gedrungene Sendeturm der SWISSCOM; er wurde 2004 gesprengt, unter umfangreichen Sicherheitsvorkehrungen, man rodete Wald, schüttete einen Schutzwall auf und stellte gar Lawinenrammböcke auf, um Trümmer aufzufangen. 1,3 Millionen Franken kostete die Entfernung des Turms. Seither ist der Höhronen wieder ein Kamm ohne erkennbare Menschenzutaten.

Denn den Dreiländerstein sieht man aus der Entfernung nicht, er ist ja bloss ein Grenzstein und steht erst noch im Wald. Wir finden ihn 250 Meter westlich des Wildspitzes, wie eine der Höhronen-Erhebungen heisst, und zwar am Wanderweg, der hinunter zur Sihl abzweigt. Wir müssen vom Hauptwanderweg auf der Höhronenkrete drei, vier Schritte den Hang hinabgehen – voilà! Seinen Namen hat der Stein aus einer Epoche, da die Kantone noch Länder waren, also aus der Zeit vor 1848, als der Bundesstaat den Staatenbund ablöste. Auch ein ähnlicher Name ist belegt: *Drey Orten Stein;* die Kantone hiessen in der alten Eidgenossenschaft «Orte».

Konkret kommt an unserem Stein dieses Trio zusammen: Zürich, vertreten durch Hütten, Schwyz, vertreten durch Feusisberg, und Zug, vertreten durch Oberägeri. Die eingemeisselten Wappen sind mittlerweile derart verblichen, dass praktisch nichts zu erkennen ist. Unlängst wurde dem Dreiländerstein, der einsam auf dem Höhronen die Stellung hält, Wertschätzung zuteil. Die Gemeinde Oberägeri hat ihn 2018 in ihr Inventar schützenswerter Denkmäler aufgenommen. Als der Stein Mitte des 18. Jahrhunderts gesetzt wurde, sei dieses Ereignis im Beisein politischer Vertreter ausgiebig zelebriert worden, schreibt die Zuger Direktion des Innern zur Aufnahme ins Gemeindeinventar: «Dies verdeutlicht, welche staatsrechtliche Bedeutung dem Dreiländerstein in der Vergangenheit beigemessen wurde.»

PS: Es gibt weitere Dreiländersteine. Zum Beispiel stossen in der Nähe des Zürcher Oberländer Gipfels Hörnli die Kantone St. Gallen, Thurgau und Zürich zusammen, ein Dreiländerstein zeigt es an. Ein anderer bekannter Dreiländerstein steht am Seedamm bei Rapperswil, in diesem Fall markiert er das Zusammenkommen von Schwyz, St. Gallen und Zürich, die vor wenigen Jahren eine Restaurierung zu je einem Drittel zahlten. Auch der Säntis gehört erwähnt, dessen Gipfel sich beide Appenzell und der Kanton St. Gallen teilen. Er wird ab und zu als «Dreiländerstein» bezeichnet.

Der Bauer bittet um schonendes Benehmen
633644 — Honigstein — 228443
(LU)

Honigstein. Man denkt bei dem Wort gleich an einen biblischen Ort, an das Land, wo Milch und Honig fliessen. Der gefällige Name wäre aber auch in einer

Confiserie nicht fehl am Platz: «Bitte drei Carac, vier Linzerschnitten und einen Honigstein!» Bloss hat der Honigstein von Roggliswil weder mit Süssem zu tun noch mit dem Alten Testament. Ebenso wenig ist er die ins Gigantische geschossene Ausprägung des Minerals Mellit, das auch als «Honigstein» bekannt ist; Mellitkristalle wurden an sehr wenigen Orten gefunden, sind in der Regel bloss einige Zentimeter gross und passen also nicht auf unseren Stein, der ohnehin kein Kristall ist und nicht die edle Farbe von Bernstein hat.

Nein, unser Luzerner Honigstein, der massive Findling mit der grauen Grundierung, hat seinen Namen von der nahen Honegg. Ein Foto, wohl aus den 1910er-Jahren und natürlich schwarz-weiss, zeigt drei Herren, die sich alle am und auf dem Stein in Pose werfen, während ein weisses Hündchen weder sie noch den Fotografen anschaut, sondern weg vom Stein in die Ferne blickt; sinnt es wohl dem letzten Metzgerei-Besuch nach? Im Vordergrund des Fotos, zu finden im Internet, lesen wir: «Honeggstein Roggliswil». Vermutet wird, dass das Foto zum 50-Jahr-Jubiläum der regionalen Sektion des Schweizer Alpen-Clubs entstand. Dieser war es auch, der in den 1930er-Jahren den Boden mit dem Stein erwarb und dessen Unterschutzstellung erwirkte. Die Tafel am Stein

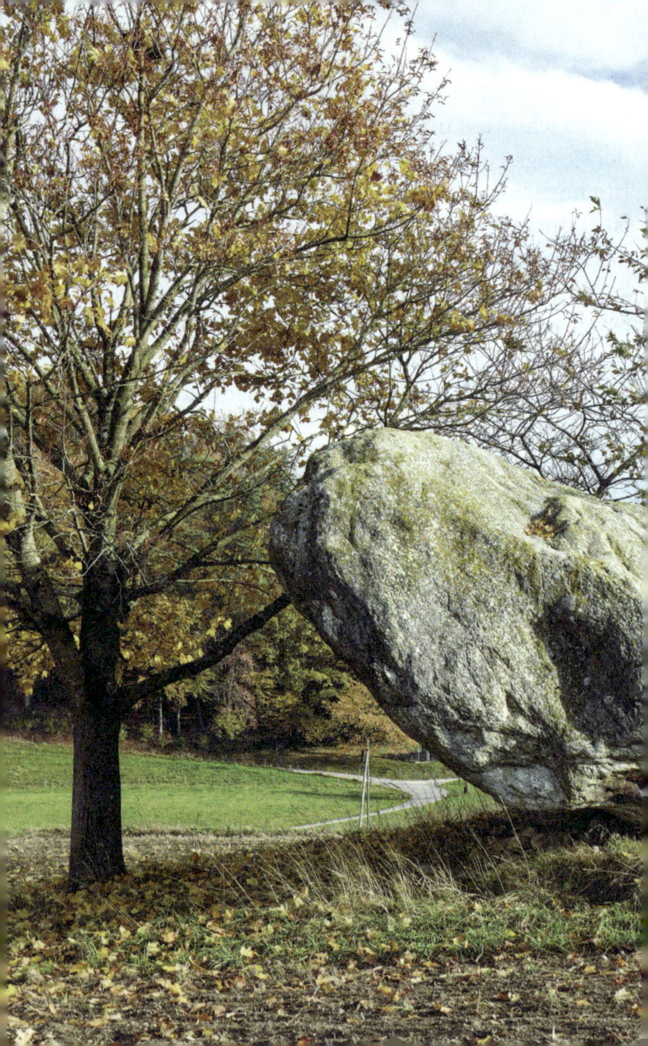

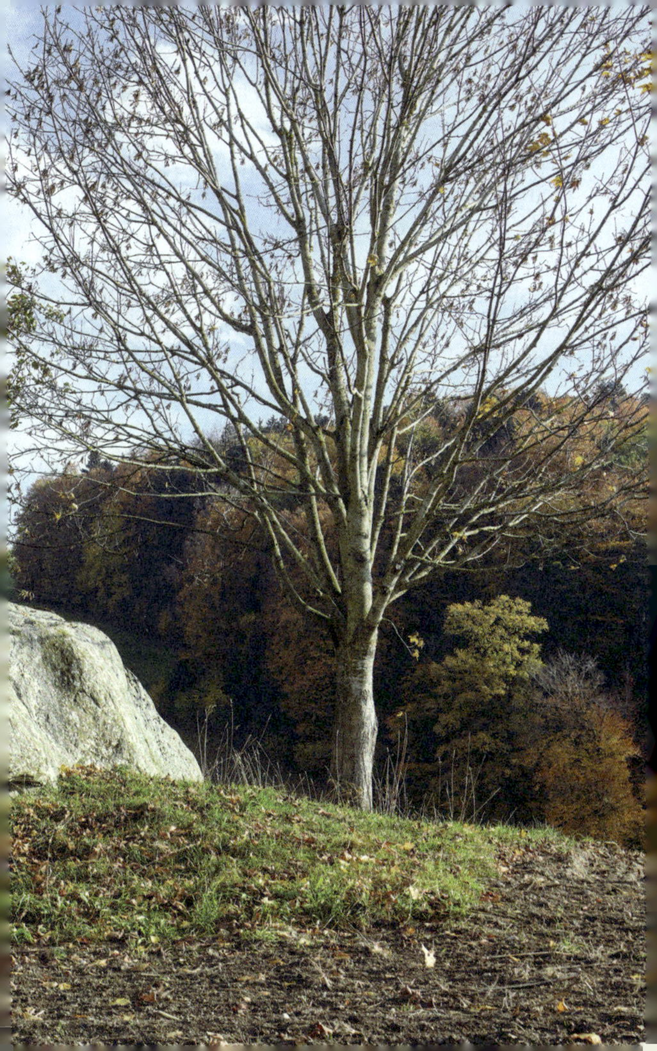

benennt den Hintergrund der Aktion: «Vom fernen Wallis kam einst ich her / auf des Rhonegletschers eis'gem Rücken, / und jetzt gestrandet, verlassen und bedroht / von Geldes und arger Menschen Tücken, steht mir der SAC zu treuer Wehr.» Ein Teil des Steins war offenbar – schon wieder ein Fall von Findlingsmissbrauch – zuvor im Bauwesen verwendet worden. Zum Schulhaus «Winkel» und auch zur örtlichen Wendelinskapelle musste der Honigstein beitragen.

Heutzutage gilt er als Wahrzeichen der Gemeinde. Ein wenig ausserhalb liegt er im Gebiet Netzelen und ist gut erreichbar. Warum nicht in Roggliswil eine Wanderung starten hinüber nach Altbüron, Gondiswil und Huttwil (viereinhalb Stunden) und dabei kurz nach dem Start einen kleinen Bogen zum Honigstein schlagen, der auf einer Wiesenkuppe liegt, flankiert von Bäumen? Mit dem grössten Gewinn tun wir das am Karfreitag. Der Honigstein ist nämlich einer jener Steine, die sich zu einem bestimmten Datum um sich selber drehen sollen. In diesem Fall eben am Karfreitag, und zwar mittags. Der Bauer, über dessen Land der Fussweg führt, bittet übrigens um schonendes Benehmen – dass man den Weg nicht unnötig verlässt und seinen Abfall wieder mitnimmt. Ist das nicht selbstverständlich? Keineswegs, wie man aus Roggliswil hört.

Der fatale Führungsstil
721792 — **Hotze**s Stein — 223534
(SG)

Ernst Rüesch, mittlerweile verstorbener St. Galler Ständerat, Regierungsrat, Brigadier, hielt 2005 im Glarnerland einen Vortrag über den Feldmarschall Friedrich von Hotze, dessen Leben und militärische Haltung er eingehend studiert hatte. «Hotze führte grundsätzlich von vorne», sagte Rüesch. Dieses Prinzip habe den Vorteil, dass der oberste Offizier sich am Brennpunkt der Schlacht befinde, direkt über die Geschehnisse orientiert sei und sofort handeln könne. Der römische Feldherr Scipio Africanus, «Wüstenfuchs» Erwin Rommel im Zweiten Weltkrieg, Israels General Ariel Sharon hätten so geführt. Das Problem an der Sache sei dieses: Die Männer hätten sich damit in höchste Gefahr begeben.

Als Feldmarschall von Hotze, mit seinen österreichischen Truppen im Linthgebiet stationiert, am 25. September 1799 vernimmt, dass die Franzosen bei Schänis aufgetaucht sind, reitet er mit seinem Stabschef und einer Eskorte sofort los, um sich persönlich ein Bild zu machen. Dicht liegt der Nebel. Doch dann dies: Der Nebel hebt sich so abrupt wie ein Theatervorhang. Hotze und seine Leute erkennen, dass sie direkt vor einer französischen Stellung stehen. Eine Salve kracht. Hotze und sein Stabschef werden tödlich getroffen. So endet die grosse Karriere eines Zürcher Offiziers in fremden Diensten.

Hotze mit E am Schluss hiess er freilich erst als Erwachsener. Johann Konrad Hotz, so der originale Name, wird 1739 in Richterswil in eine wohlhabende Familie geboren. Einer seiner Cousins bringt es als Pädagoge zu Berühmtheit: Johann Heinrich Pestalozzi. Hotz folgt dem Vorbild des Vaters und Grossvaters, beide Truppenärzte, tritt mit 19 Jahren in die württembergische Armee ein, wechselt in die russische und dann in die österreichische Armee. Er steigt auf, erwirbt sich Ruhm und Auszeichnungen. Als Feldmarschall und Träger habsburgischer Orden nimmt er einen Namenswechsel vor: Aus dem schweizerischen Hotz wird ein schneidig hochdeutscher Hotze; der neue Vorname ist eine Hommage an Friedrich den Grossen von Preussen. Alsbald tritt Napoleon mit dem Programm an, die alten Monarchien zu beseitigen und Europa neu zu ordnen. Hotze will die Eidgenossenschaft im Kampf gegen Napoleons Ansturm verteidigen und quittiert daher den Dienst für Österreich. Doch als er in der alten Heimat ankommt, ist diese bereits überrannt. Hotze heuert wieder bei den Österreichern an, führt deren Truppen im Widerstand gegen die Franzosen im Vorarlbergischen an, kommt nach den zwei Schlachten von Zürich ins Gebiet der Ostschweiz. Dort ereilt ihn beim Erkundungsritt das Verhängnis.

In Schänis gibt es ihm zu Ehren einen General-Hotze-Weg. Gehen wir auf diesem, der als Wanderweg signalisiert ist, Richtung Sebastiankapelle, kommen wir zum Gedenkstein, der auch auf der Karte verzeichnet ist. «Hier fiel und starb der K. K. Commandant General Hotze bei dem Übergang der Franken über die Linth den 25. Sept. 1799», lautet die Inschrift. Begraben ist der Feldmarschall freilich anderswo, nämlich in Bregenz.

Moderne Überbauung, alter Brocken
668363 — Isenlauf-Stein — 244184
(AG)

Bei Bremgarten bildet die Reuss Schlaufen, das wirkt, als wüsste sie, dass sie sich bald in der Aare auflösen muss, und flösse darum nur widerwillig nordwärts. In der einen Schlaufe liegt im Isenlaufquartier die Wohnüberbauung Ringstrasse. Sie wartet mit einer Besonderheit auf: Der Spielplatz inmitten der Häuser ist mit Steinen bestückt, die einen zwergenhaft, die anderen stattlich; sie wurden in der Presse euphorisch als «Menhire» tituliert. Und als «Hinkelsteine», was Asterix-Obelix-Assoziationen weckt.

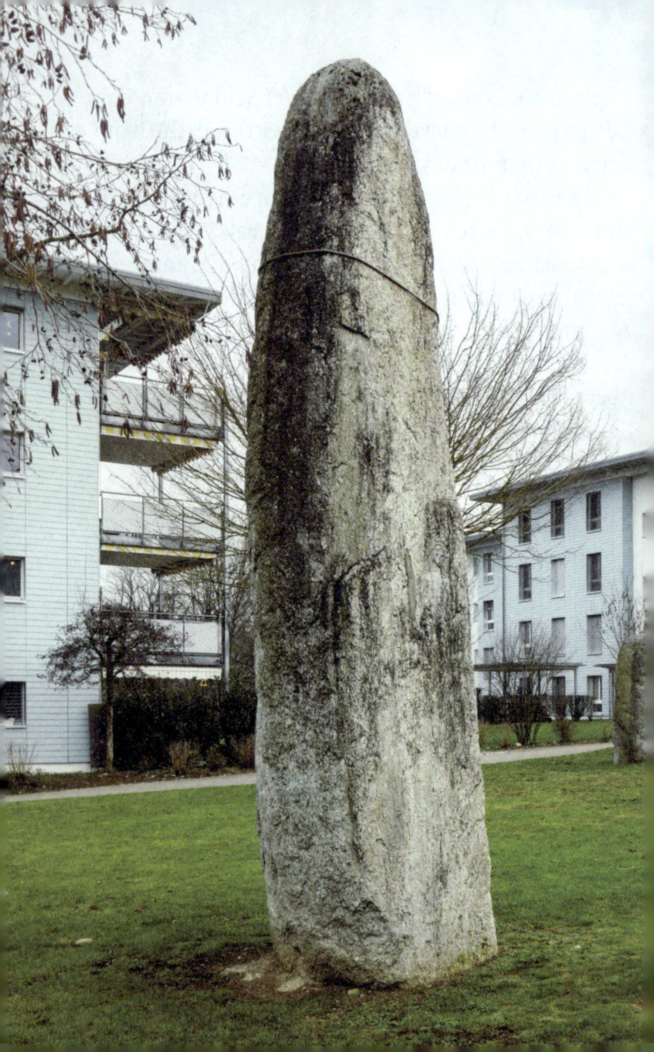

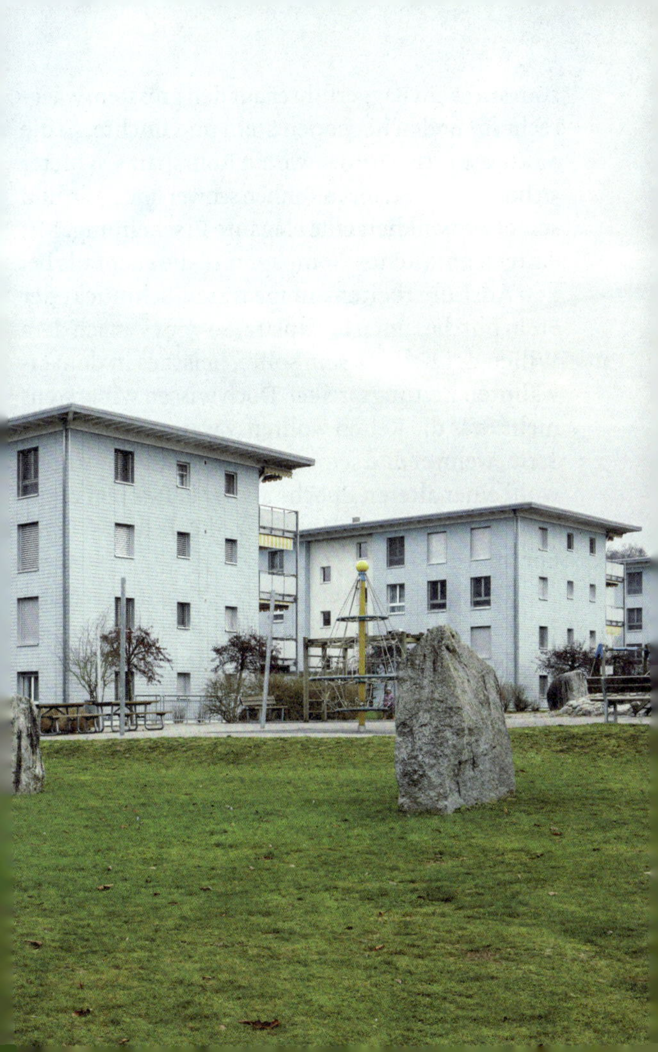

2001 stiess ein Baggerführer auf den grössten, waagrecht im Boden liegenden Stein und fluchte, so die AARGAUER ZEITUNG, «wie ein Rohrspatz». 6 Meter 30 hoch ist der Stein, 40 Tonnen schwer und aufgrund seiner Schlankheit eine elegante Erscheinung. Mit einigen granitenen Compagnons, die ebenfalls bei den Aushubarbeiten zutage traten, schmückt der Stein nun besagten Spielplatz. So wie es «nach dem Willen der Kelten» sein sollte, heisst es in dem erwähnten Zeitungsartikel. Doch wissen wir erstens nicht, was die Kelten wollten. Zweitens würde der Stein, wenn er und seinesgleichen Kultsteine wären, wohl einer älteren Epoche als der keltischen zugehören. Grösser ist die Wahrscheinlichkeit, dass er ein kommuner Findling ist.

Telefonat mit Stephan Wyss von der Aargauer Kantonsarchäologie: Er betont, dass das heutige Arrangement willkürlich zustande gekommen ist, also inszeniert ist; es entspricht nicht der Fundsituation, man stellte die Steine nach Gutdünken auf dem Spielplatz auf. Interessant sei dies: In der Nähe seien zwei archäologische Fundstellen bekannt, 1968 und 1969 fand man Silices, Silexsteine; damals ging man von der Mittelsteinzeit aus. Einen zwingenden Zusammenhang mit den Isenlauf-Steinen könne man daraus nicht ableiten.

Zwei der Granitmocken seien immerhin, so Wyss, «ungewöhnlich schmal und hoch», sie wirkten anthropomorph, trügen menschlich wirkende Züge: «Es ist zu prüfen, ob das durch Verwitterungsvorgänge oder menschliche Bearbeitung zustande kam.» Fazit des Experten: «Es gibt eine Chance, dass es sich um steinzeitliche Steinsetzungen handelt. Die Wahrscheinlichkeit, dass es rein geologische Findlinge sind, ist aber, bei heutigem Wissensstand, grösser.» PS: Die Steine stehen ganz nah an der Bahnlinie von Bremgarten nach Wohlen, Isenlauf hat eine eigene Haltestelle. Fährt man später weiter Richtung Wohlen, ist die übernächste Haltestelle die des Erdmannlisteins (Seite 34). Man kann also in einem Ausflug gleich zwei Stein-Ensembles kennenlernen.

Ein Findling macht Geschichte
694080 — **Roderichstein** — 286030
(SH)

Es würde einen nicht wundern, wenn zwischen den Bäumen Catweazle auftauchte, der ziegenbärtige Hexenmeister in der gleichnamigen britischen Fernsehserie, den es aus dem 11. Jahrhundert in unsere Gegenwart verschlagen hat. Der Roderichstein bei Gennersbrunn hat selber einen Zauber, was an der Vermoosung liegen mag und an seiner höckrigen, mauerwerkartigen Oberfläche. Man könnte meinen, dass es sich um Reste einer mittelalterlichen Burg oder eines keltischen Kultortes handle; dies umso mehr, als der Stein von fünf Metern Durchmesser in einer flachen, kreisrunden Grube liegt, die wirkt wie von Menschen ausgehoben. Doch der Roderichstein ist bloss ein Findling, den der Gletscher in der Vorzeit aus dem Oberhalbstein in den Norden verschleppte.

Freilich ist dieser Findling kein geschichtsloser Simpel. Er trägt historische Bedeutung. Im Jahre 1067 – Catweazles Zeit, übrigens – verleiht der römisch-deutsche König Heinrich IV. dem Grafen Eberhard von Nellenburg, dem Stadtherrn Schaffhausens, ein riesiges Jagdgebiet im Norden des Rheins. Was damals umrissen wird, ist die Kernzone des heutigen Kantons Schaffhausen. In der Urkunde des Königs spielt der Roderichstein eine wichtige Rolle. Er ist Ausgangs- und Endpunkt der Grenze, die beschrieben wird. Somit darf man ihn «Schaffhauser Urgestein» nennen.

Bei aller geschichtlichen Bedeutung geht die Lage des Steins in einer späteren Epoche vergessen. Bis nach dem Zweiten Weltkrieg ein Schaffhauser Lehrer und Schulinspektor kommt, sich auf die Suche macht, schliesslich fündig wird. Erwin Bührer heisst der Entdecker des Roderichsteins in unserer Neuzeit.

Der Tafel vor Ort, die uns das alles erzählt, ist des Weitern zu entnehmen, dass es sich bei dem Findling aus geologischer Sicht um grünliche kristalline Bündner Breccie handelt. Das heisst: «grobkörniges Sedimentgestein, verfestigter Schutt aus eckigen Gesteins- und Mineralstücken, die durch ein toniges, kalkiges oder kieseliges Bindemittel verkittet sind».

Stilvoll erwandern wir uns den Roderichstein im Rahmen einer dreistündigen Route von Schaffhausen-Buchthalen (Bus) via Gennersbrunn und das Morgetshof-Seeli nach Thayngen. Er steht 700 Meter nördlich von Gennersbrunn in einem Waldstück. Ein Schild leitet weg vom Wanderweg nach rechts, und nun folgen wir immer dem Waldrand. Kurz nach dem Bänkli mit der Aufschrift «Ruedi 20 Säntisblick 14 Sepp» kommen wir zu einer Waldhütte. Dort betreten wir den Wald und sehen gleich, nein, nicht Catweazle. Sondern eine Infotafel. Und unseren Stein. Auf welche Person sein Name zurückgeht, weiss keiner; die Schaffhauser Kantonsarchäologie kann nicht helfen. Eduard Joos, Präsident des Vereins zur Herausgabe des Schaffhauser Flurnamenbuches, steuert dies bei: Der Stein ist 1061 erstmals erwähnt als «Rodilinstein»; «Rodilin» ist die Kurzform zu Ruodrich, heute Roderich. Leider wisse niemand, wer dieser Ruodrich gewesen sein könnte, sagt Joos.

Himmelsleiter an der Grenze
688826 — **Jakobsfelsen** — 290735
(SH)

Im ersten Buch Mose lernen wir Jakob kennen, den Enkel Abrahams. Im Grund genommen ist er ein unsympathischer Charakter, und es ist nicht wirklich verständlich, warum Gott ihn durch ein Bündnis und eine Landverheissung ehrt. Jakob luchst seinem Bruder Esau das Erstgeborenenrecht ab und erschleicht sich den Segen seines Vaters Isaak. Rebekka, die Mutter, schickt Jakob fort, damit er dem Zorn Esaus entzogen ist. Unterwegs legt sich Jakob zum Schlaf nieder. Er träumt: Eine Leiter steht auf der Erde, die mit der Spitze an den Himmel rührt. Auf ihr ist reger Verkehr, die Engel steigen auf und ab.

Dies die alttestamentarische Vorstellung der Leiter zum Himmel, wobei die «Leiter» auch als «Treppe» oder «Rampe» übersetzt werden kann. Nun nehmen wir an, dass der Schaffhauser Jakobsfelsen samt seiner Leiter nach dem biblischen Jakob benannt sei. Wenn nicht, so stiftet die Assoziation zumindest eine anregende Aura. Der Jakobsfelsen wartet oberhalb von Merishausen, unweit der deutschen Grenze, einsam im Wald. Von Merishausen aus gehen wir zuerst die Strasse durch das Chörblitobel hinauf, zweigen links ab, zweigen bald noch einmal links ab;

der Weg ist ausgeschildert. Der riesige Stein kommt dann als Überraschung; er steht dort, wo der Waldhang an Gefälle entscheidend zulegt. An einer Kante. Eine Leiter, ein solides Eisenmodell mit Geländer, führt auf die Plattform, die ebenfalls gesichert ist. Ein Schild informiert, dass 1993 Schüler der Kantonsschule Schaffhausen die Installation samt dem Zugang instandgestellt hätten. Wie hoch die Leiter ist: Das ist nicht belegt. Sechs Meter? Oben haben wir Sicht auf das gegenüberliegende Plateau des Randen. Der Jakobsfelsen ist ein Ausflugsbijou, ein Solitär, etwas, mit dem man Mitwanderer erfreuen kann. Das Lied zum Ausflug ist selbstverständlich *Stairway to Heaven* von Led Zeppelin.

Füdleblutt
634415 — Jungfernstein — 254666
(BL)

Die Ruine Ödenburg auf halbem Weg zwischen Wenslingen und Tecknau ist ein perfektes Wanderziel: erhaben gelegen auf einem Felssporn, erreichbar zu Fuss und nur zu Fuss, in der Neuzeit fachmännisch konserviert, mit Picknickeinrichtungen versehen. Ausserdem ist da der Ruinennimbus, man stellt sich inmitten alter Adelsmauern immer so einiges vor. Und Kinder lieben die Kraxelei. Auf 566 Metern über Meer steht die Burg, sie wurde wohl von den Grafen von Homberg gegründet und nur vom 10. bis 12. Jahrhundert benutzt. Archäologen fanden Spuren einer Feuersbrunst, das zugehörige Drama muss die Fantasie beistellen. Die Burg trägt einen zweiten Namen, der wohl der ältere ist: Heltburg von «Held». Hingegen dürfte sich «Ödenburg» einer Zeit verdanken, in der die Burg verlassen war. Verödet eben.

Wo die Wanderwege von den beiden genannten Dörfern beim Halsgraben zusammenkommen, erklärt eine Infotafel die Ruine. Den benachbarten Stein können wir nicht übersehen. Er hat zwei Teile, ein massives Fundament und darüber eine waagrechte, kaum vermooste Platte, die das Ganze zu einem Tisch macht. Oder zu einem Altar. Von einem «grossen, viereckigen Felsenstück, welches die Wanderer verehrten», spricht 1762 ein Chronist. In der Nähe wurden römische Münzen gefunden. Ein Rätsel bleibt der unter der Platte eingeklemmte Steinbrocken, der sie zu heben scheint; eine wilde Erklärung lautet, Schatzgräber hätten ihn platziert, um unter der Platte keltische Kostbarkeiten zu suchen.

Einige Sagen oder doch Sagenbruchstücke sind mit dem Stein ebenfalls verknüpft und erklären, warum er Jungfernstein heisst: Drei Schwestern badeten zu gewissen Nächten unweit des Steins in einer Quelle, heisst es in einer Sage; heutzutage nennt man das «Männerfantasie». Eine andere Sage berichtet, um Mitternacht sitze an diesem Platz ein Burgfräulein und hebe den Stein mühelos mit dem kleinen Finger. Ausserdem wird erzählt, dass früher Frauen aus den umliegenden Dörfern, die keine Kinder bekommen konnten, nachts zur Burgruine gingen, sich nackt auszogen und über den Stein rutschten – eine verbreitete Vorstellung, die in diesem Buch bei anderen Steinen ebenfalls erwähnt ist: der markante Stein abseits des Dorfes als Fruchtbarkeitsspender. In einer Baselbieter Sagensammlung wird dem Jungfernstein deswegen ein zweiter Name zugeschrieben: Füdlebluttstei.

Der verhutzelte Häuptling blickt auf den See
548563 — **Menhir de l'Asile** — 195133
(NE)

1873 wird im Kanton Neuenburg oberhalb des Dorfes Saint-Aubin bei Le Devens eine Anstalt zur Internierung von Männern und Frauen eröffnet, deren Trunksucht und Nichtstuerei zum Betteln, zum Vagabundieren und zum Zerfall ihrer Familien führe. Zwecks Besserung müssen die Insassen im Stall und auf den Feldern sowie im örtlichen Wegbau mitarbeiten. Im Lauf der Jahrzehnte wechselt der Name der Institution immer wieder. Heute lautet er *Maison d'accueil et d'accompagnement en alcoologie.*

Der Menhir de l'Asile heisst so, weil er gleich bei dem Asyl steht, also dem Heim, in dem Leute mit einem Suchtproblem Hilfe finden. Besagtes Anwesen liegt am Wanderweg und am Rand des Waldes Bois du Devens, der ebenfalls ein Steinwunder birgt (Seite 137). Seeseitig und seitlich vor dem Hauptgebäude steht eine Bank, auf der häufig Patienten sitzen. Vielleicht finden diese es ein wenig bizarr, wenn Fussgänger am Rand des nahen Maisfeldes stehen bleiben, verzückt den darin stehenden Einzelstein von 1 Meter 65 Höhe betrachten, ihn womöglich gar fotografieren aus kurzem Abstand; ins Feld selber können sie nicht vordringen, ohne sich bei den Maispflanzern unbeliebt zu machen.

Der Menhir, auf der Landeskarte eingezeichnet, hat etwas Menschenähnliches, die Statur passt; auf Schulterhöhe markiert eine Rinne den Übergang vom Körper zum Kopf. Dieser ist leicht zur Seite geneigt, was zu einem Denker passen würde. Der Stein aus Granit ist wohl wirklich von Menschen geschaffen worden gegen Ende der Steinzeit oder in der Bronzezeit. 1845, als sich ein paar Bauern seiner entledigen wollten, weil er bei der Bestellung des Feldes störte, kamen Keramikstücke, Ziegelfragmente und Menschenknochen zum Vorschein. Kurz darauf erreichte es der Neuenburger Archäologe Frédéric DuBois de Montperreux, dass der Menhir wieder aufgerichtet wurde. Seither steht er da als verhutzelter Häuptling, der sinnierend von der Anhöhe auf den Neuenburgersee blickt.

Wandern: Fussgänger ziehen in Vaumarcus los, gehen nach Fresens und Montalchez, erreichen bald das Heim von Le Devens mit dem Menhir de l'Asile. 700 Meter weiter (Luftlinie) steht leicht abseits des Wanderweges der Menhir Grand Devin (nächster Eintrag). Danach Abstieg nach Saint-Aubin.

Die prähistorische Grillierstelle
548906 — **Grand Devin** — 195424
(NE)

Es gibt, vereinfacht gesagt, zwei Arten Menhire im Land. Die einen sind eher dick und kurz, die anderen eher schlank und hoch. Die hohen Menhire haben oft einen angedeuteten Kopf und angedeutete Schultern, die die Menschen der Vorzeit gezielt skulptierten. So ist es beim Grand Devin, der noch andere Namen trägt: Menhir du Bois oder auch Menhir sous Bois. Im Wald oberhalb Gorgier versteckt er sich, er steht südlich des Strässchens, das von der Suchtbehandlungsstation bei Le Devens mit ihrem eigenen

Menhir schnurgerade nach Nordosten führt. Auf diesem Strässchen muss man gut achtgeben, um den Fusspfad zu finden, der in den Wald führt; die beiden Menhire, der Asylstein bei Le Devens und der Grand Devin, sind nur 700 Meter voneinander entfernt.

Der Grand Devin, auf der Landeskarte eingezeichnet, hat keine Seesicht, doch kommt ihm Würde zu kraft seiner elegant schlanken Gestalt und der Exklusivität seiner Lage. Steinbrocken sind vor ihm zur Feuerstelle arrangiert, darin Asche; der Grand Devin muss Anhänger haben, die ihn aufsuchen. Fast drei Meter hoch ist er, und als man in den 1860er-Jahren bei ihm Ausgrabungen vornahm, fand man eine vom Feuer gerötete Granitplatte und ein Quantum Holzkohle. Dies war wohl ein Lagerplatz der Prähistorie. Heutzutage dürfte er in erster Linie schwärmerische Gemüter anziehen, die einen Kultort wittern. In einer Tourismusbroschüre heisst es – Originalsprache Französisch: «Dies ist ein Herz-Ort. Sie können sich hier in der umfassenden und wohltuenden Energie harmonisieren, die den Stein umgibt. Auch verhockte Gefühle werden Sie so los.»

PS: Knapp drei Kilometer entfernt steht nordöstlich des Grand Devin bei Vauroux unweit von Bevaix in einem Feld schon wieder ein Menhir. Auch er ist in der Landeskarte eingezeichnet.

Punker der Bronzezeit
737065 — Parc-la-Mutta-Megalithen — 184702
(GR)

Falera in der Surselva, Nachbar der Tourismusorte Flims und Laax, hat eine neue und eine alte Kirche. Die alte ist kleiner, steht aber souveräner. Wir sehen sie zur Linken auf einem kleinen Hügel namens Mutta, wenn wir mit dem Bus von Laax her ankommen. Dem heiligen Remigius gewidmet ist sie und prangt auch im Dorfwappen; sie steht hart an der Kante des Hanges zum Vorderrhein hinab und besitzt einen charmanten Minifriedhof – wenn schon tot, dann hier! Der Turm ist spätromanischer Herkunft, also mittelalterlich.

Die Kirche (auf die sich die Koordinaten im Titel beziehen) ist nicht die einzige Attraktion des Mutta- oder auch Muota-Hügels, zwei weitere kommen hinzu. Attraktion oder doch Eigenheit Nummer zwei ist archäologischer Natur. In der Zeit vor dem Zweiten Weltkrieg entdeckte der damalige Kantonsförster auf dem Hügel eine prähistorische Siedlung aus der Bronzezeit, die wohl 1800 vor Christus entstand und sich weit über 1000 Jahre gehalten haben dürfte. Im Dörflein wohnten – wir folgen einem NZZ-Artikel – 100 bis 150 Menschen. Ihre Rundholzhütten waren von einem zwei Meter hohen Wall umfriedet. Er schreckte Feinde ab und bot Schutz vor dem Wind. Archäologen fanden im Boden eine Bronzenadel von 82 Zentimetern Länge mit einem flachen, scheibenförmigen, verzierten Kopf.

Nun zu Attraktion drei. Sie insbesondere ist es, die die Leute nach Falera lockt. Gleich neben der alten Kirche ist der Hügel eher flach, die Wiese heisst «Planezzas». An die 30 Megalithen stehen in lockeren Abständen. Oft werden sie als «Menhire» bezeichnet, als längliche, in der Vorzeit gezielt aufgerichtete, bearbeitete Steine.

Das Gros der Steine bildet Reihen. Broschüren und Presseartikel liefern dazu eine Erklärung: Wenn man die Richtung einer Reihe aufnehme und zum Horizont weiterziehe, ergäben sich astronomische Entsprechungen, liest man. Das Steininventar ssdi.ch kommentiert nüchtern: «Die Steinreihen sollen angeblich zu Auf- und Untergangspunkten der Sonne am Horizont zu wichtigen Daten im Jahreslauf zeigen. Eine sorgfältige Überprüfung zeigt, dass dies für die (...) behaupteten Daten nicht zutrifft und aus archäo-astronomischen Gründen gar nicht möglich ist.»

Ob die schönen Steine von Falera echte Menhire sind? Ob sie Teil eines Kalenders waren? Ob sie je eine Kultanlage bildeten? Ob sie mit der erwähnten bronzezeitlichen Siedlung verbunden waren? Viel gesichertes Wissen gibt es zu diesen Fragen nicht. Jedenfalls aber freut sich Falera an dem Fremdenverkehr, den die Steine Jahr für Jahr auslösen. Und tatsächlich lohnt sich die Hinreise nur schon, damit man sich eine Meinung bilden kann. Mittlerweile ist das Ensemble der Remigiuskirche und der Wiese mit den Steinen neu benannt: Es heisst «Parc la Mutta» und wird unter diesem Namen vermarktet.

PS: Ein Rätsel für sich ist der sogenannte «Lachende Megalithiker», einer der Steine des Parc La Mutta. Er weist eine Zeichnung auf, eine Art Smiley. Die Haare sind stachelartig aufgerichtet wie die eines Punkers. Handelt es sich um eine Corona, einen kultischen Kranz? Kommentar im Steininventar: «Die Zeichnung ist typologisch rezent.» Auf Deutsch: Von der Art her wirkt die Zeichnung, als sei sie neuzeitlich.

Ida raubt ein Kind und dann noch eines
759495 — Chindlistein — 255661
(AR)

Vor Tausenden Jahren lebte im Gebiet des heutigen Appenzeller Vorderlandes die Trollfrau Ida. Von ungeschlachter Gestalt, machte sie den Menschen Angst. Kein Mann wollte mit ihr zusammen sein, niemand das Leben mit ihr teilen. Ida war einsam. So machte

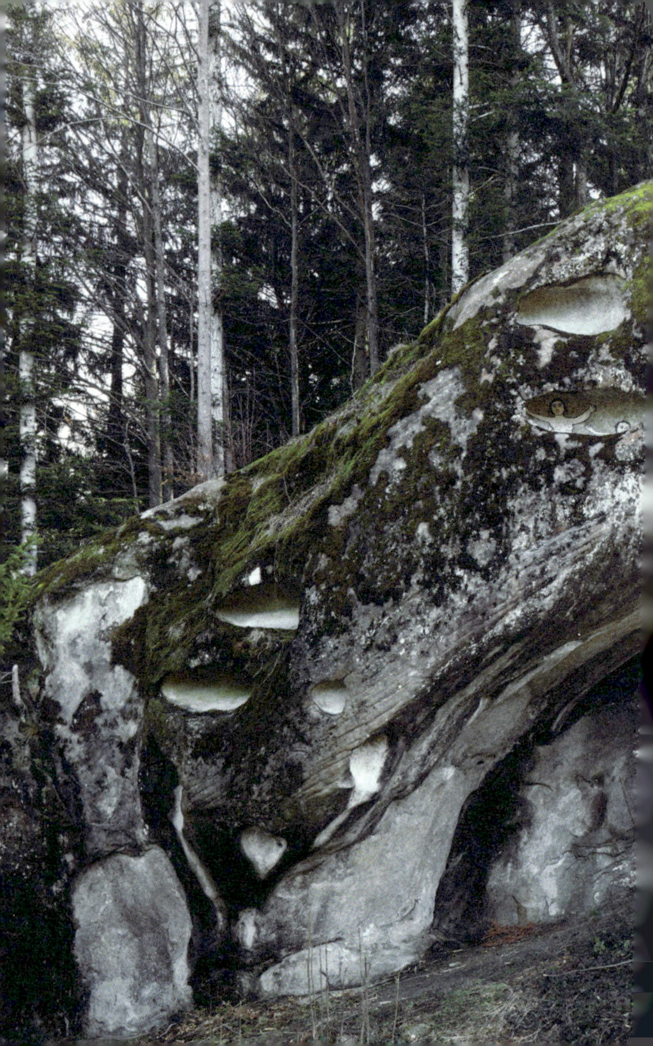

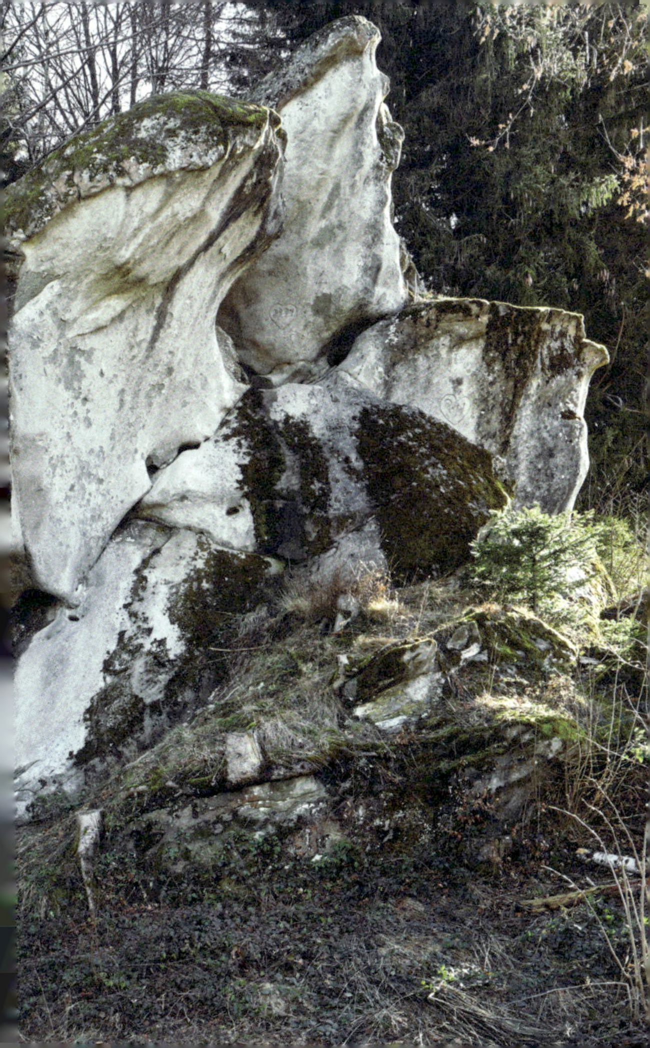

sie sich eines Tages auf in das nahe Dorf, das heutige Reute, nahm sich ein Kleinkind und trug es fort in die Wälder. Ida war nun glücklich. Das entführte Mädchen freilich weinte tagaus, tagein im stillen Wald. Schliesslich besorgte Ida dem Mädchen ein Geschwisterchen, es war der zweite Kinderraub. Alsbald trat der Zauberer Raspus auf den Plan, vorerst getarnt als Kröte. Er verwandelte Ida in den Stein, auf dem sie gerade sass, und die entführten Kinder, die mittlerweile längst erwachsen waren, brachte er zu den Eltern zurück. Bloss kannten diese ihr eigen Fleisch und Blut nicht mehr. Sie verstiessen die jungen Frauen, die selber Trollengehabe angenommen hatten. Der Stein aber bei der Flur Raspla oder Raspeln, die verwandelte Ida, spendet seither den Frauen, die ihn aufsuchen, Fruchtbarkeit.

So weit eine neuzeitliche Sage von einer Lehrerin aus Reute unterhalb des Chindlisteins; sie wurde im Dorfblatt RÜÜTIGER FEESCHTER abgedruckt. Der Chindlistein weckt erzählerische Energien. Er kommt auch im Roman *Tod eines Wunderheilers* von Peter Eggenberger vor. Und bei Walter Züst. Sein Roman *Die Dornesslerin* erzählt von einer historisch belegten Gestalt. Agatha Roner von der Dornesslen wird am Ende der Geschichte als Hexe verbrannt. Beim Chindlistein nimmt sie zur Zeit des Johannisfestes an einer heidnischen Zeremonie teil: «Im roten Schein des Feuers glühte der geheimnisvolle Felsen zu Ehren der Erdgeister und ragte aus dem Erdreich zum Himmel. Der Stein, in dessen Höhle in den Hungersnöten Kindli ausgesetzt worden seien, wie erzählt wurde. Um die Erdgeister zu versöhnen. Damit sie das Korn wieder wachsen liessen.»

Der Chindlistein, zwei Kilometer südöstlich des Touristendorfes Heiden gelegen, fasziniert. Das gilt auch, wenn wir gar nichts über ihn wissen. Wir wandern los, treten irgendwann aus dem Wald, sind überrascht vom Anblick des Bodensees und kommen zum Stein, der uns um ein Mehrfaches überragt. Ein Monster ist er. Eine unübersichtliche, mehrteilige, aus jedem Winkel anders sich präsentierende Knolle mit Graffiti, Rinnen und höhlenartigen Löchern. Von der einen Seite können wir den Stein betreten, müssen aber aufpassen, Kinder nehmen wir an die Hand, denn die Fläche kippt auf der anderen Seite steil in die Tiefe. Dies ist einer der stärksten und schönsten Orte des Appenzellerlandes; neuerdings erschliesst ihn der «Chindlistei-Weg».

Ob es nun aber stimmt, dass die Rinnen davon stammen, dass Frauen, die keine Kinder bekommen konnten, einst mit nacktem Hintern den Stein hinabrutschten, wie es auch im Fall anderer Chindlisteine

(nächster Eintrag und andere) erzählt wird? Vielleicht ist das ein lüsternes Gerücht. Esoteriker spekulieren, der Stein sei ein Ahnenstein; bei ihm seien nach der Vorstellung früher Menschen die Seelen der Verstorbenen wiedergekehrt. All das ist Spekulation. Doch wie könnte man an diesem Platz nüchtern bleiben?
Googeln: «Appenzellerland Tourismus Chindlistei» führt zum Themenweg, «Literaturland Züst Kindlistein» zum Auszug aus dem Roman *Die Dornesslerin* und «Rüütiger Feeschter Editorial Chindlistein» zum Ida-Märchen.

Die ewige Nummer zwei
672430 — Chindlistein — 254680
(ZH)

Im digitalisierten Bildarchiv der ETH-Bibliothek in Zürich gibt es ein Schwarz-Weiss-Foto von 1932. Hochformat. Es zeigt zwei Männer und eine Frau, die vor dem Chindlistein auf dem Hüttikerberg oberhalb Hüttikon posieren; sie wenden dem Findling, der fast vier Mal so hoch ist wie sie, den Rücken zu. Oben linsen zwei weitere Frauen über den Stein, den sie von der anderen Seite erklommen haben. Frappant an der Aufnahme ist, dass der Findling aus Taveyannaz-Sandstein ganz in freiem Gelände steht. Also nicht wie heute im Wald.

Da er dieser Tage ein wenig versteckt liegt, ist der Besuch umso abenteuerlicher. Eindruck machen schon die Zahlen: Rund 200 Kubikmeter beträgt das Volumen des Steins, sieben Meter hoch ist er. Am besten erweisen wir ihm die Ehre während einer gut viereinhalbstündigen Wanderung vom Bucheggplatz in Zürich nach Würenlos. Stationen sind der Käferberg, der Hönggerberg, der Gubrist und danach der Altberg, zu dem ein relativ neuer Aussichtsturm aus Holz ebenso gehört wie die rustikale «Waldschenke». Danach ist es im Wechsel zum Hüttikerberg schnell so weit: Beim Treffpunkt mehrerer Wege, Höhenangabe 598 Meter auf der Karte, zeigt ein Wegweiser links in den Hang unseren Stein an. Kurz geht es den laubbedeckten, abschüssigen Wurzelpfad hinab, dann zeigt sich rechts grünlich-grau der Chindlistein. Ein stolzer Brocken – immerhin gilt dieses Relikt des Linthgletschers als zweitgrösster Findling im Kanton Zürich.
Googeln: ETH-Bildarchiv Chindlistein Altberg.

Die Adresse für Knieprobleme
684901 — **Meinradsstein** — 223791
(ZG)

Knieprobleme? St. Meinrad bei Allenwinden aufsuchen! Neben der Kapelle findet sich ein kleinformatiger Findling mit einer Rinne, die genau so lang und

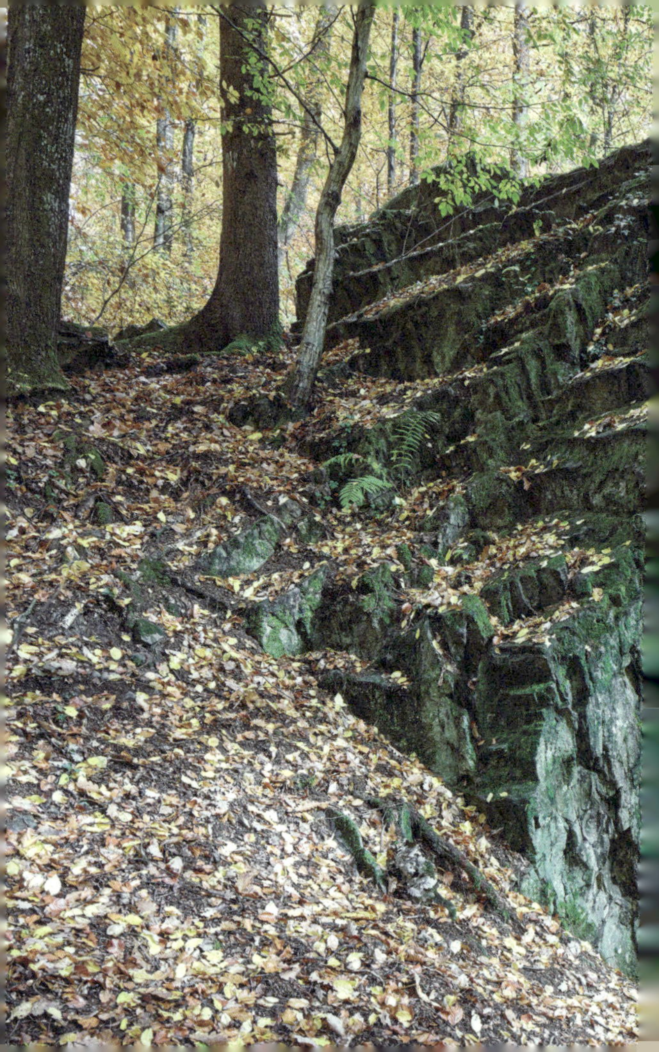

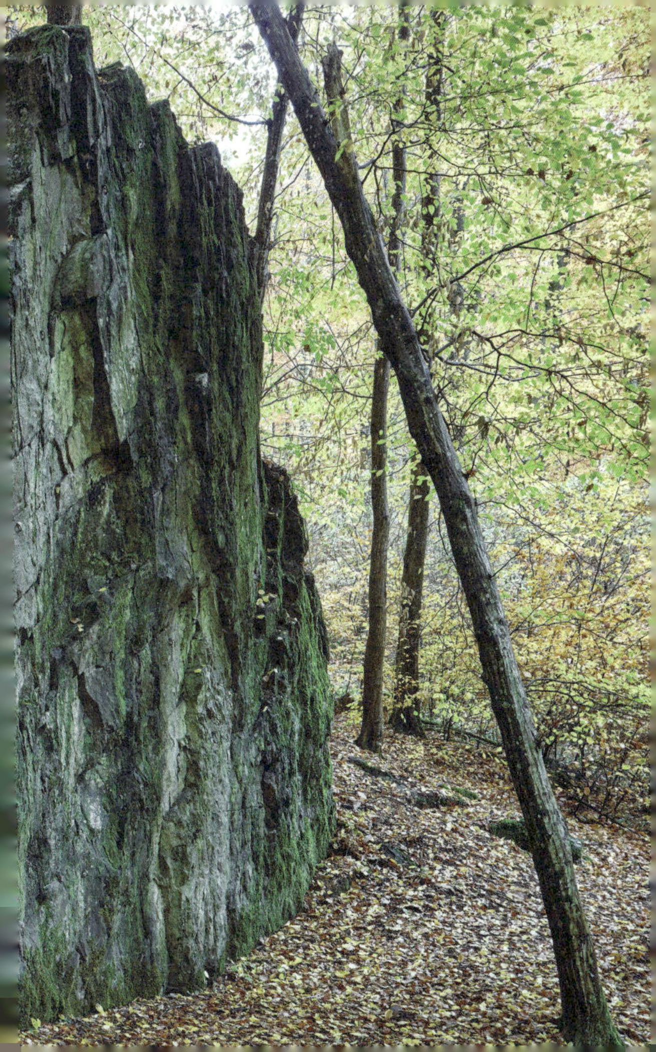

breit ist, dass wir Knie und Unterschenkel in sie platzieren können. Folgendes Gebet wird empfohlen: «Heiliger Sankt Meinrad, nimm mir mini Schmerzen ab, dass ich wieder besser laufe mag.» Und wenn das Ritual nicht funktioniert? Dann fehlt es eventuell am Glauben, der bekanntlich Berge versetzt und also gewiss ein Knie heilen kann. Der heilige Meinrad kam einst hier durch, bekannt als jener Eremit, auf den das Kloster Einsiedeln zurückgeht. Meinrad betete auf dem Stein, wobei besagte Beinrinne sich bildete. Ein Zuger Kulturmagazin spöttelte: «Wie schwer war Meinrad?»

Jedenfalls hat sich um den Meinradsstein, der schon um 1485 in einer Urkunde erwähnt ist, ein kleiner Kult gebildet; gerade Pilger auf dem Weg nach Einsiedeln suchen ihn gern auf. Im 18. Jahrhundert entstand die Kapelle, die im Inneren nicht nur Meinrad zeigt, sondern auch Einsiedelns Schwarze Madonna und den heiligen Klaus sowie die Dreifaltigkeit samt Gottvater mit weissem Wallebart und Zepter.

Ein Pfarrer störte sich im 19. Jahrhundert an der volkstümlichen Begeisterung um den Stein und wälzte diesen den Steilhang hinab Richtung Lorze. Worauf die Gläubigen ins Tobel abstiegen und ihn zurückholten – nicht den Pfarrer, den Stein! Bleibt die Frage: Was ist das für ein hässlicher, oben zerfranster Holzstrunk gleich neben dem Stein? Es sind die Reste einer Birke, welche einst Schatten spendete. Zum Schluss die gute Nachricht für Leute, die aufgrund schmerzender Scharniere grad immobil sind: Die Kapelle St. Meinrad etwas ausserhalb des Dorfes Allenwinden an der Strasse nach Neuägeri hat eine eigene Bushaltestelle, man erreicht sie vom Bahnhof Zug mit der Linie zum Ägerisee hinauf. An einem Wanderweg liegt sie nicht.

Ein philosophisches Loch
526385 — Menhir de Combasson — 197165
(NE)

Les Verrières ist das Grenzdorf im unwirklich schönen Hochtal, das an das Val de Travers anschliesst. Kanton Neuenburg. Der gewaltige Bahnhof ist stillgelegt, wir erreichen das Dorf mit einem Bus ab Fleurier Bahnhof. Schläft Les Verrières? Aber nein! Der Bourbaki-Rundgang zeugt vom Willen, mit der Geschichte Touristen anzuziehen. Er ist dem General Charles-Denis Bourbaki gewidmet. Und den Soldaten seiner Armée de l'Est, einer zusammengewürfelten Lumpentruppe. Im Deutsch-Französischen Krieg geschlagen, treten sie während des Winters 1871 bei Les Verrières und an weiteren Grenzpunkten im Jura in die

Schweiz über. 87 000 Mann sind es, die der Vernichtung durch die Deutschen, dem Tod durch Erfrieren und Verhungern entgehen, die Schweizer päppeln die Internierten in den folgenden Monaten wieder auf. An die humanitäre Katastrophe, aber auch an die Sternstunden der Mitmenschlichkeit erinnert der Rundgang.

Jetzt zur zweiten Attraktion von Les Verrières. Der Menhir de Combasson oder auch Menhir du Combasson liegt eine Gehstunde entfernt auf den nördlichen Anhöhen, die Visite ist optimal kombinierbar mit einer Wanderung von dreieinhalb Stunden zum Grand Taureau, 1323 Meter über Meer, Hausberg des französischen Provinzstädtchens Pontarlier. Zuerst die Wanderung: Les Verrières, Bahnhof – Le Haut des Côtes – Chez la Bolle – Combasson, Menhir – Les Petits Cernets – Les Rossel – Wald von Les Divois – Le Grand Taureau – Les Petits Cernets – Les Côtes – Les Verrières.

Was nun den Menhir angeht, den ersten Höhepunkt der Route: Wir können ihn nicht verpassen, er ist auf der Landeskarte samt Namen eingezeichnet, steht direkt an der Strasse durch den Wald, wird durch ein Holzschild benannt; auch der Unterstand gegenüber, der wirkt wie ein Buswartehäuschen in der Agglomeration, markiert den Ort. Drei Meter hoch ist der Brocken; er ist einer jener Steine, die aus allen Richtungen verschieden wirken, aus dem einen Blickwinkel sieht er aus wie ein gekrümmtes Männchen. Vollends prägnant ist er durch ein Loch von 12 Zentimetern – interessant, wie ein solches Loch gleich die Fantasie beflügelt, man linst hindurch, man überlegt sich, was es bedeutet, man kommt ins Philosophieren über Sein und Nichtsein, über Materie und Antimaterie, über Schwarze Löcher und psychedelische Löcher, die ins Jenseits führen.

Dieses Loch dürfte natürlichen Ursprunges sein, Regenwasser hat es wohl herausgefressen. Und esoterischen Betrachtungen im Internet zum Trotz dürfte der Menhir kein echter Menhir sein, den Menschen der Vorzeit aufstellten. Macht gar nichts, er ist als Naturdenkmal imposant.

Hier barbecuen die Expats
687445 — Alexanderstein — 241570
(ZH)

Am Alexanderstein im Küsnachter Tobel wird gern *gebrätlet*. Oft trifft man an diesem Platz, wo die Kinder im Bach herumwaten, Ex-Pat-Familien; an der Goldküste des Zürichsees arbeiten Leute aus aller Herren Ländern auf Zeit, um irgendwann weiterzuziehen. Und also hört der Stein alle möglichen

Sprachen wie Englisch, Spanisch, Russisch, Chinesisch. So gross wie ein kleines Haus ist er und trug früher den passenden Namen «*Wöschhüslistei*». Dann geschah im Juli 1887 im Berner Oberland ein Unglück. Sechs Bergsteiger stürzten, nachdem sie unterhalb des Jungfraugipfels biwakiert hatten, während eines Sturms im Nebel in den Tod. Tage später fand und barg man die Leichen.

Zur Partie gehörte der Geologe Alexander Wettstein, 25-jährig erst, Sohn des Küsnachter Seminardirektors; er hatte als Wissenschaftler bereits von sich reden gemacht und die erste geologische Karte des Kantons Zürich erstellt. Auch Alexanders älterer Bruder Heinrich hatte an der Jungfrau sein Leben gelassen. Das Dorf nahm Anteil, das Begräbnis war eine Riesensache, und der Stein im nahen Tobel bekam auf Anregung des patriotischen Küsnachter Vereins «Wulponia», mitgegründet von Alexander Wettstein, einen neuen Namen. Alexanderstein eben – eine Gedenktafel erinnert an den Namensgeber.

Aus dem Glarnerland war der Findling einst auf dem Gletscher angereist, legte freilich die letzten Meter seiner weiten Reise rutschend zurück: Er kollerte in das entstehende Tobel, während dieses in der Urzeit durch den jungen Küsnachter Bach in die Gletschermoräne gefräst wurde. Dieser Sturz gemahnt an einen fast ebenso mächtigen Stein in der Nähe. Wandern wir doch von Küsnacht das Tobel hinauf zur Pfannenstiel-Hochwacht; das dauert drei Stunden, oben gibt es einen Aussichtsturm. Sowie eine Wirtschaft. Und zehn Gehminuten weiter bei Vorderpfannenstiel neben der Bushaltestelle gleich wieder eine. Den Alexanderstein im unteren Teil des Tobels, fünf Meter hoch, können wir nicht verpassen, wenn wir, bergwärts geblickt, rechterhand des Baches gehen. Gut fünf Minuten weiter oben umhagt ein Zaun einen Neuankömmling. Im April 2013 löste sich von der einen Tobelflanke ein Schotterriese und donnerte zum Bach nieder.

Noch im selben Jahr wurde der 250-Tonnen-Stein getauft. Die Dorfzeitung hatte einen Namenswettbewerb ausgeschrieben, es kamen Vorschläge wie «Brocke», «Hoppalastein», «Obelix», «Brügglistein» (wegen des nahen Brückleins), «Stürmi», «Rocky». Am Schluss siegte jene Variante, die sich am Namen der nahen Drachenhöhle orientiert: «Drachenkopf». Hübsch wäre auch «Alexander der Zweite» gewesen, auch dies ein Vorschlag. Denn der Alexanderstein ist, wenn man vergleicht, nicht nur zeitlich der Erste. Ihm gebührt die Hoheit im Tobel auch aufgrund seiner Oberfläche: Taveyannaz-Sandstein ist wesentlich schöner als Nagelfluhware.

Nachts meiden wir den Ort besser
613358 — Freistein — 232635
(BE)

Das Spiel «Versteckis» geht bekanntlich so: Die Kinder, die sich versteckt haben, müssen vor dem Kind, das sie sucht, einen bestimmten Punkt erreichen und «anschlagen». Ihn berühren. Dann sind sie sicher. Erlöst vor der Nachstellung. Darin versteckt sich, vermuten Anthropologen, eine uralte Fantasie des Menschen: die vom Ort, an dem er sicher ist, nicht bedroht, belangt, bestraft werden kann. Oft ist der Ort ein Stein. So im Fall des Freisteins von Attiswil im bernischen Oberaargau.

Vermutlich handelt es sich um einen Menhir. Um einen von Menschen aufgerichteten Stein der Vorgeschichte. An seinem Fuss fand man vor Jahrzehnten bei Ausgrabungen Keramikmaterial und Feuersteininstrumente. Und dann muss irgendwann aus dem Kultstein ein Freistein geworden sein in einer Umdefinition der Funktion. Ein Stein, der den Leuten Asyl gewährte, Sicherheit vor Verfolgung. Temporäre Befreiung. Eine Sage erzählt, dass einst der Vogt von Schloss Bipp das ungeschriebene Gesetz missachtet und beim Stein einen Flüchtling niedergestochen habe. Zwölf Monate später sei der Vogt nach schrecklichem Siechtum verstorben; dies sei die Strafe dafür gewesen, dass er die Macht des Steins missachtet hatte. Auch sei der Vogt dazu verdammt, als Geist in gewissen Frühlingsnächten an den Ort seiner Tat zurückkehren zu müssen.

Wir finden den Freistein ein wenig südlich der Kirche strassennah in der Wiese, auf der Landeskarte ist er eingetragen, seit 1920 steht er unter Schutz. Als einziger Menhir des Kantons Bern wird er bezeichnet. Aus Granit besteht er und ist gut 3,6 Meter hoch, wobei der Unterteil im Boden ruht. Dass er als Freistein dazu beigetragen haben soll, dass Streitigkeiten allenfalls mit einem Vergleich gelöst werden konnten: eine gute Sache. Freilich war derjenige, der zu ihm floh, auf gutmütige Nahrungsspenden seiner Mitmenschen angewiesen. Auch war er der Witterung ausgesetzt. Kirchenasyl ist komfortabler.

PS: Der nächste Eintrag schlägt eine Wanderung vor, die zur Visite beim Freistein passt.

Isidor Bachmanns Fündling
613943 — Bernstein — 233692
(BE)

Im Jahre 1870 teilt der Gelehrte Isidor Bachmann nach einer Oberaargauer Erkundungstour der Naturforschenden Gesellschaft von Bern dies mit: «Bei meinen geologischen Untersuchungen der Gegend

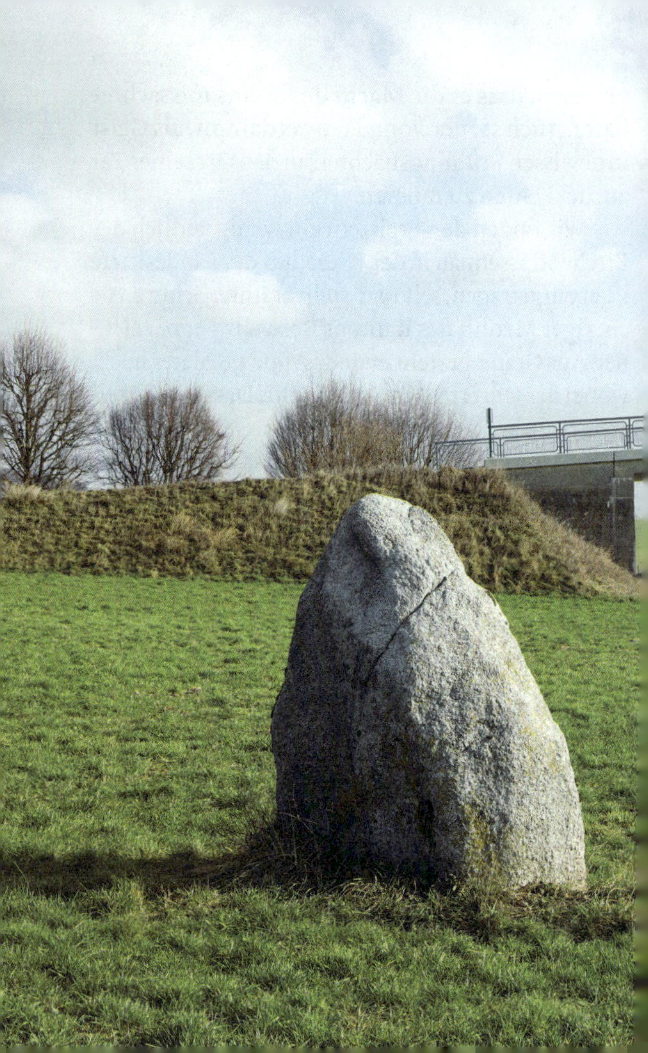

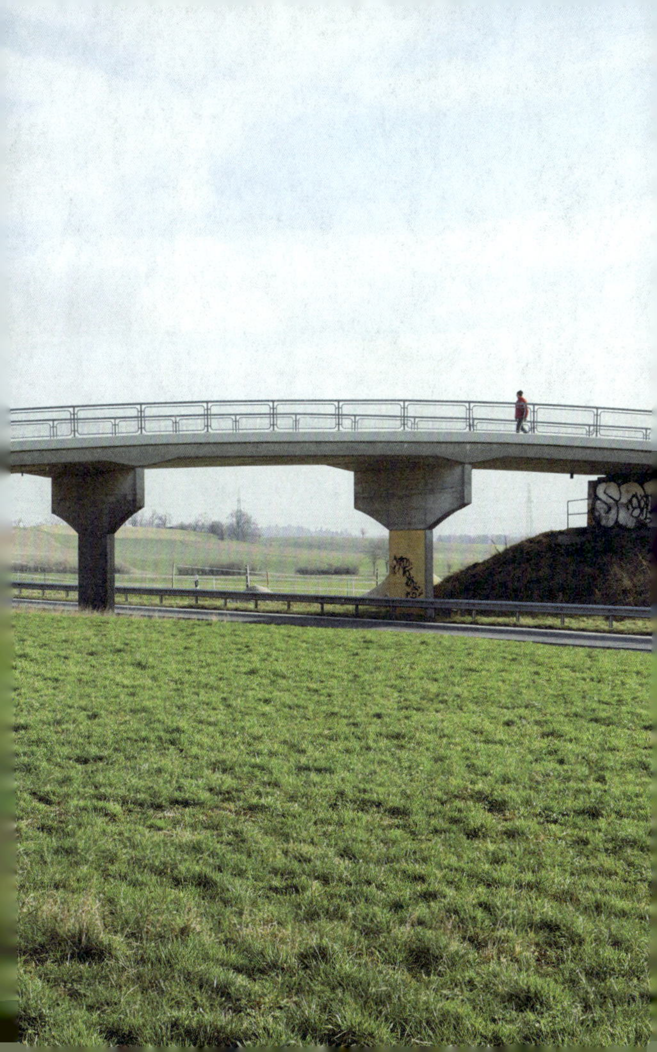

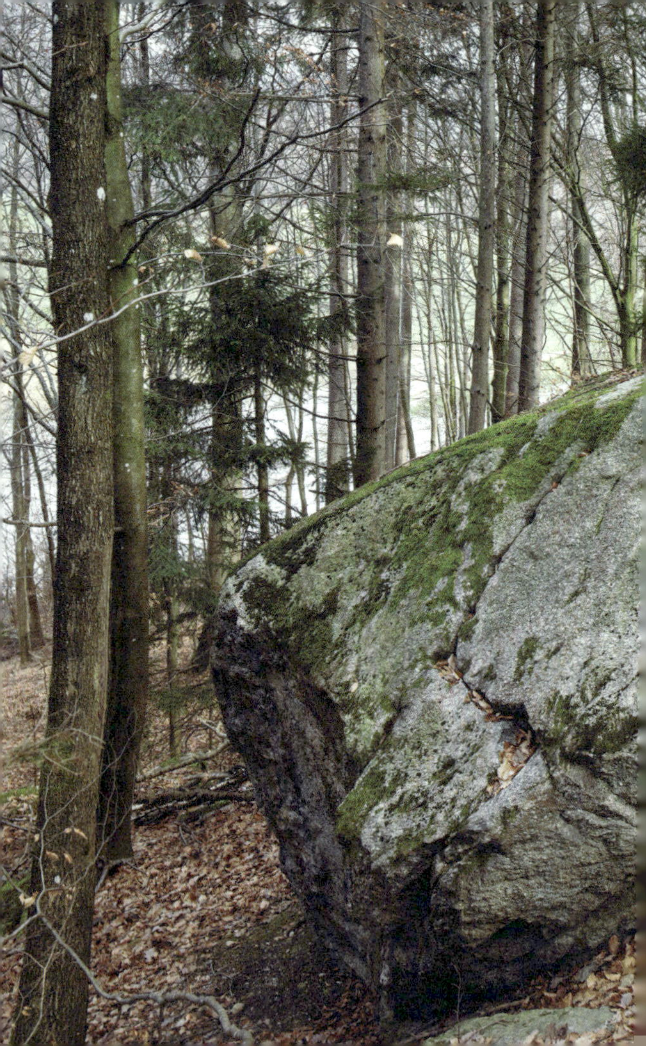

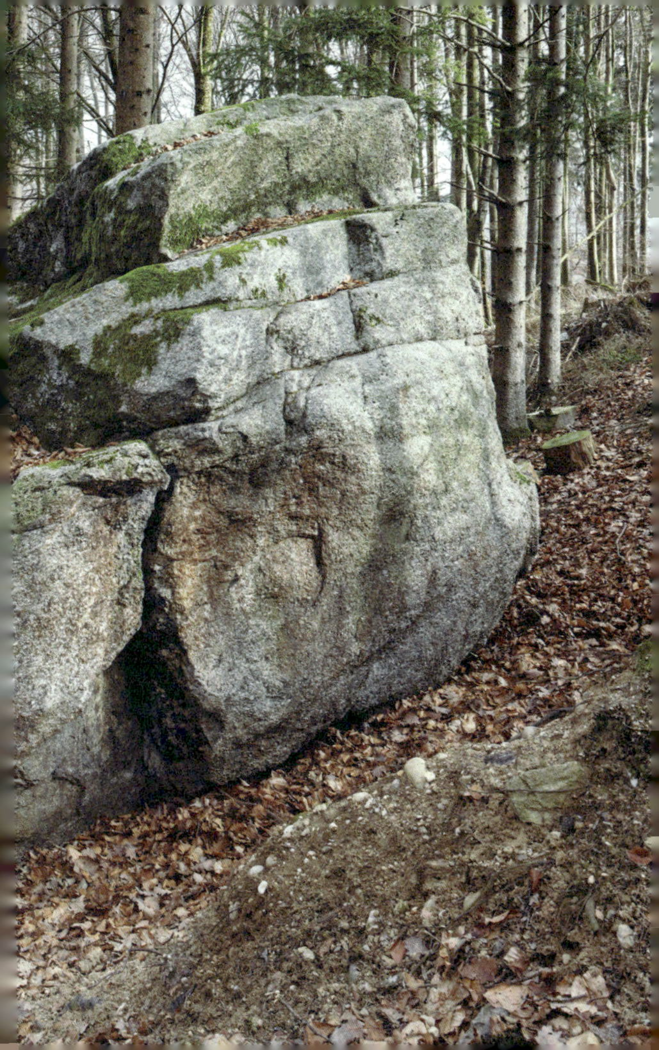

fand ich nordwestlich ob Attiswyl in einer Höhe von etwa 500 Metern im Burchwald, zunächst unter dem Bleuerhof, den grössten der noch in diesen Bezirken existierenden Blöcke von Montblancgranit. Es ist eine parallelepipedische Masse von annähernd 8000 Kubikfuss, von Quarzadern durchzogen und zerklüftet, die bei einem allfälligen Sprengversuch nur unregelmässigen Zerfall bewirkt hätten. Diesem Umstande und der wohl zu berücksichtigenden höhern Lage ist es besonders zu verdanken, dass der Block noch nicht in Angriff genommen worden ist.»

Die zwei Gründe, warum der Bernstein oder auch Bernerstein in Attiswil noch da ist und nicht wie andere Findlinge zwecks Gewinnung von Baumaterial gesprengt wurde, leuchten ein. Und doch muss es zumindest den Versuch einer Ausbeutung gegeben haben. Der Stein weist Keillöcher auf und Spuren missglückter Spaltungen. Zu Professor Bachmanns Zeiten wurde ein Abtretungsvertrag aufgesetzt. Die Burgergemeinde Attiswil verkaufte den Bernstein an die Naturforschende Gesellschaft. Zum Schnäppchenpreis von 60 Franken. Die neuen Eigentümer verschenkten den Stein später an das Naturhistorische Museum in Bern. Seit 1940 ist er durch Regierungsratsbeschluss geschützt. «Bern – Fündling staatlich geschützt», besagt eine Inschrift.

Die kann jeder lesen, sobald er den Bernstein erreicht hat. Er liegt im Burchwald ein bisschen abseitig. Immerhin ist er auf der Landeskarte eingezeichnet. Hin kommen wir so: Von der Station Attiswil an der Bahnlinie Oensingen-Solothurn gehen wir – nach dem Abstecher zum Freistein (Seite 156) und retour – auf dem Wanderweg Richtung Dettenbühl und Oberbipp. Wir passieren dabei den Gerberhof, kommen in den Burchwald. An seinem Ende verlassen wir den signalisierten Weg. Wir biegen links ab, steigen am Waldrand auf, halten wieder in den Wald hinein. Laub, morsche Äste, eine Krete. Auf der anderen Seite wartet der Findling, 200 Kubikmeter vermooster Granit aus dem Dent-Blanche-Gebiet. Zu sagen, dass er sich über Besuch freue – es klingt ein wenig sehr gefühlig. Und doch: Sind Steine manchmal einsam?

Der Kubus in der Ebene
609443 — Grosser Lägerstein — 142952
(BE)

Der Grosse Lägerstein hat Grösse. Grandeur. Zuerst aber muss gesagt sein, dass die Engstligenalp, auf der er steht, selber eine Sensation ist. Wir erreichen sie auf zwei Arten. Per Seilbahn von Unter dem Birg, das seinerseits per Bus von Adelboden aus erschlossen ist. Oder zu Fuss ebenfalls von Unter dem Birg.

Das ist besonders reizvoll, wenn wir den Weg benutzen, den die Kühe nehmen, wenn es auf die Alp geht und wieder hinab; er ist in die senkrechte Felswand gehauen und gesprengt und mit Stufen versehen, die durch Holzträmel befestigt sind – ein Berner Pendant zur Gemmi der Walliser. Unterwegs kommen wir den beiden Engstligenfällen nahe, die zusammen 370 Meter hoch sind. Ihr Stauben und Schäumen und Sprühen und Rauschen und Tosen ist ein Sinnenspektakel.

Oben kommt gleich das nächste Wunder. Die Engstligenalp ist flach. Eine der flachsten Ebenen der Alpen ist sie. Der einstündige Rundgang über sie findet zwar vor der Kulisse exaltierter Berge wie dem aus Einzeltürmen komponierten Tschingellochtighorn statt, ist aber eine Schlenderstrecke und sogar rollstuhltauglich. Die Bergbäche, die der ovalen Fläche zufliessen, verlangsamen sich auf ihr zu Zeitlupentempo, bis die Kante zu den Fällen erreicht ist. Breite Rinnsale decken knapp den Fuss des Wanderers, Kies und Kiesel glitzern im Sonnenlicht. All das, der Alpboden und seine Auen, ist geschützt.

Der Grosse Lägerstein liegt an dem ausgeschilderten Rundkurs rechts des Weges, wenn wir im Uhrzeigersinn gehen; auf der Karte ist er eingetragen und benannt. Allein ist er keineswegs. Auf der anderen

Seite des Weges ruht zum Beispiel ein unwesentlich kleinerer Klotz. Was den Lägerstein freilich vom Rest der Schar abhebt, ist seine Gestalt. Ein Würfel der Natur ist er, zweieinhalb Mal so hoch wie ein Mensch; dass dieser an ihm lagert oder dort sein Vieh sammelt, wie es der Name andeutet, ist naheliegend – der Lägerstein bietet Schutz.

Das Buch *Magisches Berner Oberland* erzählt, wie in der mythischen Vorzeit Elfen dem Stein Gesellschaft leisteten. Wie später Steinzeitjäger von der Gemmi her kamen. Wie sie den Stein als weisen Grossvater begrüssten. Wie Druiden bei dem Stein eine Quellgöttin verehrten und Schamanen magische Lieder sangen zwecks Herbeizauberung einer Vision. So sei das gegangen, bis die letzte Druidin verschied. Worauf ein Bergsturz niedergegangen sei und dem bis dahin einsam stehenden Stein Dutzende anderer Steine beigesellt habe. Das alles ist zwar Freestyle-Fabuliererei. Aber schön poetisch ist es auch.

Es tötelet in der City
593271 — **Nekropole Petit-Chasseur** — 120040
(VS)

Nekropole kommt aus dem Griechischen und heisst «Totenstadt»; in der Archäologie bezeichnet das Wort eine grosse Begräbnisstätte der Vorgeschichte oder des Altertums. Im Walliser Kantonshauptort Sitten gibt es eine solche Nekropole. Gleich südlich der Bushaltestelle «Petit-Chasseur» werden wir fündig, wir müssen bloss das Gebäude Avenue du Petit-Chasseur 39 umkurven, die Volkshochschule. Ein kleiner Park liegt hinter ihr, eine Stufentreppe begrenzt ihn, aber auch der Chemin des Collines – und siehe da: Über die Grasfläche ziehen sich gereiht Menhire. Auch ein aus Steinplatten gebildetes kleines Dolmengrab steht da, und in einem Glaspavillon in der Ecke sind weitere archäologische Objekte ausgestellt. Stonehenge in der City.

Die Nekropole erstreckt sich zwischen den Hausnummern 35 und 78 der Avenue du Petit-Chasseur. Drei Jahrzehnte lang grub man ab 1961 aus, eine der wichtigsten Schweizer Megalithanlagen trat zutage und erstaunte in ihren Dimensionen. 12 Dolmengräber und 28 menschenähnliche, zum Teil skulptierte und gravierte menhirartige Säulen kamen zum Vorschein. Im erwähnten Park wurde vieles davon in der ursprünglichen Konstellation wieder aufgestellt, eine gute Sache, hier ist Raum, die Funde in Ruhe zu betrachten. Ab 2900 vor Christus hatten die Menschen begonnen, ihresgleichen an diesem Ort in Dolmen zu begraben. Ein besonders schöner, komponiert aus vier Seitensteinen und einem Deckstein, findet sich im Glaspavillon. Dieser Dolmen, in einem dreieckigen Flachsockel aus Steinen gefasst, entstand um 2800 vor Christus. Er diente einem Familienclan als letzte Ruhestätte.

Manche Säulen, die den Dolmen von Petit-Chasseur charismatisch zur Seite standen, wurden im Lauf der Zeit zerschlagen und als Baumaterial für neue Dolmen rezykliert. Auch Gräber wurden geräumt und mit neuen Leichen gefüllt. Um 1800 vor Christus schliesslich kam man in Petit-Chasseur vom Massengrab ab, nun bettete man die Toten in Einzelgräbern in den Boden, gab ihnen Waffen und Schmuck mit. Gehen wir hin nach Petit-Chasseur, lassen wir uns faszinieren von der Präsenz der Säulen und Gräber. Von der Macht des Steins. Von der Ästhetik des Todes. Von der Wucht der Megalithen.

Freiluftuniversität auf dem Pfannenstiel
693630 — **Okenstein** — 238290
(ZH)

Das Ausflugsrestaurant unter dem Hochwacht-Turm auf dem Aussichtsberg Pfannenstiel, der Zürichsee und Greifensee trennt – es gemahnt in seiner Verschachteltheit an die Villa Bates im Hitchcock-Thriller *Psycho*. Nur baulich, wohlgemerkt, die Bewirtung ist nett, das Essen gut. Vom Turm blickt man in die Ferne und sieht zum Beispiel den Säntis. Etwas Naheliegendes übersieht der Bergbesucher oft: den Okenstein am Rand der grossen Wiese vor dem Restaurant. Der Findling mit Gedenktafel ist benannt nach dem Naturwissenschafter Lorenz Oken. Der hatte an diesem Platz, von dem aus er die Alpenfront vor Augen hatte, für wenig Geld Boden gekauft. Seine Studenten liess er bisweilen zum Unterricht aus der Stadt anmarschieren.

Geboren wurde Lorenz Oken im 18. Jahrhundert als Lorenz Okenfuss. Und zwar im deutschen Dorf Bohlsbach, das heute zur Stadt Offenburg gehört. Der Bauernsohn war, was man heutzutage «hochbegabt» nennt. Seine Laufbahn war steil, seine Verdienste mannigfach. Unter anderem gilt «Oken», wie er aufgrund seines Autorenkürzels in botanischen Publikationen irgendwann hiess, als Vater der späteren Zelltheorie. Eine 13-bändige Naturgeschichte publizierte er, die Mineralien, Tiere und Pflanzen behandelte und den Anspruch hatte, für alle Leute verständlich zu sein. Auch lancierte er die ISIS, die erste fachübergreifende Zeitschrift im deutschsprachigen Raum, die Themen aus Medizin, Wirtschaft, Geschichte, Kunst, Wissenschaftspolitik aufgriff.

Mit der ISIS bekam Oken Probleme, weil er sich inmitten der deutschen Kleinstaaterei, der despotisch regierten Fürstentümer, mit der Obrigkeit anlegte und Artikel mit politischer Wirkung publizierte; Beleidigung von Monarchen wurde ihm vorgeworfen. Seine letzten Jahre verbrachte er ab 1833 als ordentlicher Professor für Naturgeschichte, Naturphilosophie und Physiologie des Menschen an der Universität Zürich – er war deren erster Rektor. Als er verstarb, veranstalteten die Studenten ihm zu Ehren einen abendlichen Fackelzug zum Grab.

Die Inschrift auf dem Pfannenstiel-Findling lautet: «Dem grossen Naturforscher, welcher der Ruhm der Zürcher Hochschule war, dem unabhängigen Manne, Lorenz Oken, geb. 2. August 1779, gest. 11. August 1851, haben an seinem Lieblingsplatze Bewohner von Meilen diese Denktafel errichtet.» Im Himmel lebt der Gelehrte garantiert weiter. Nach ihm benannt ist der Mondkrater Oken.

War er ein Ausguck?
669762 — Guggehürlistein — 249373
(AG)

Aparter Name! Das *Idiotikon* hilft, ihn zu verstehen. *Gugge* ist schnell erklärt, «gucken». Und *Hürli* ist die Verkleinerungsform zu *Hur* und hat zu tun mit dem Verb *hure* (kauern). Laut dem Dialektwörterbuch war eine *Guggehur* respektive ein *Guggehürli* ein kleines

Gehäuse auf dem Dach eines hohen Hauses oder auch eine kleine Wohnung auf einem Turm; ähnlich können Häuser so heissen, die ein aussichtsreiches und in die Augen fallendes Dachstüblein besitzen. Zudem ist die Bedeutung «Schilderhäuschen» belegt; so heisst der Unterstand einer Schildwache.

Unser Stein aus Kalk, Gemeinde Bergdietikon, steht am Wanderweg einen halben Kilometer vor dem verlandeten Südufer des Egelsees, eines Aargauer Bijous; er ist auf der Landeskarte eingezeichnet und auf einem signalisierten Abzweiger vom Weg schnell erreicht. Eindrücklich das Gelände, ganz nah zieht sich auf dem Heitersberg eine scharfe Krete, die Kante eines Moränenhügels, von der viel Material niederstürzte; der Stein steht am Fuss dieser Rutschzone im Forst. Fragt sich, wie er, auf dem eine Plakette an die Mobilmachung des Zweiten Weltkriegs erinnert, zu seinem Namen kam. Aussichtsreich ist der Ort nicht, wobei das früher anders gewesen sein mag, Wald kommt, Wald geht. Hat der Stein zu tun mit der nahen Ruine der Burg Kindhausen, schoben hier einst Männer von der Burg Wache? Kletterten Kinder auf den Stein und spielten Ausguck? Oder erinnert er an ein *Guggehürli*-Häuschen, von der Form her?

Keine Ahnung. Aber jedenfalls lohnt es sich, den Stein im Verlauf einer Wanderung zu besuchen, zum

Beispiel auf folgender Viereinhalb-Stunden-Route: Berikon-Widen, Station – Hasenberg – Abstecher zur Ruine Kindhausen – Abstecher zum Guggehürlistein – Egelsee – Heitersberg – Rüsler – Spittelau – Tüfels-Chäller – Baden.

PS: In Frauenfeld im Kanton Thurgau steht das Türmchenhaus «Guggenhürli», man schaut von dort weit ins Land. Dieses *Guggenhürli* ist ein Museum, es zeigt Gegenstände der einstigen Bewohner sowie Bilder.

Ein hohes Wesen
550650 — **Pierre du Dos à l'Âne** — 158440
(FR/VD)

Alles verblasst, wenn wir vor die Pierre du Dos à l'Âne treten. 5 Meter 60 hoch und 25 Tonnen schwer ist sie und wird als grösster Menhir der Schweiz gehandelt. Ihre Gestalt ist menschenähnlich. Einige Partien schimmern bläulich im Kontrast zu dunkleren Flecken, senkrecht ziehen sich weisse Adern. Dieser Stein ist ein Ahne, ein Würdenträger, ein hohes Wesen, ein Botschafter vergangener Zeitalter. Pedantisch mutet seine touristische Behandlung an, man hat um ihn eine Kiesfläche angelegt sowie eine Infosäule platziert – ein Zwerg neben einem Riesen.

Herbeigeführt und aufgerichtet worden sei der Stein zwischen Essertes und Auboranges in der

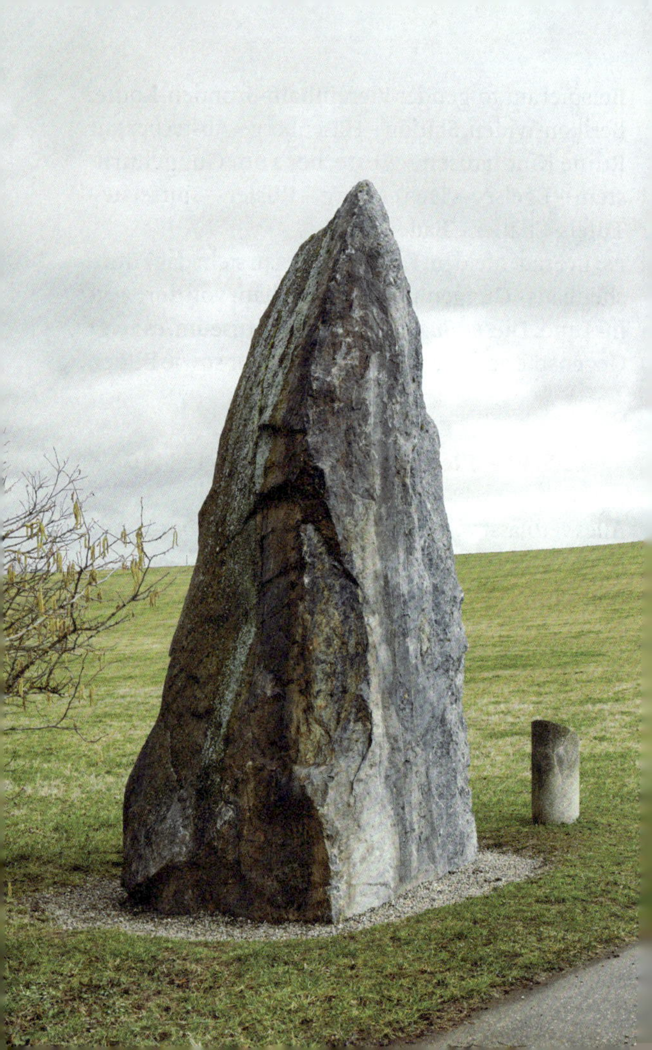

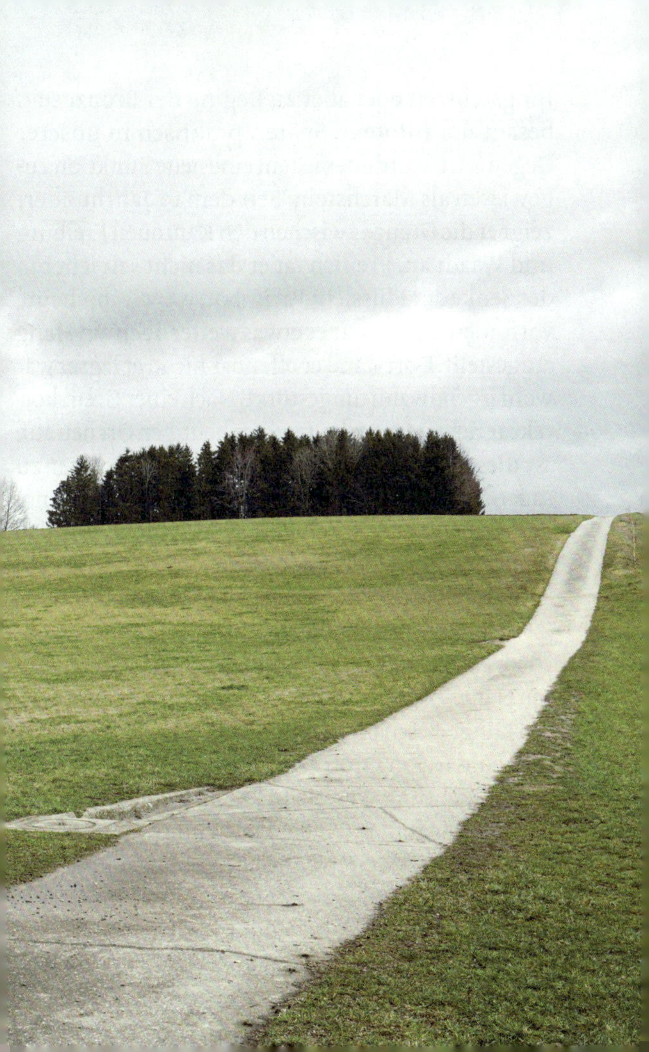

Jungsteinzeit oder aber zu Beginn der Bronzezeit, besagt der Infotext. Später, praktisch in unserer Gegenwart, wurde dem Stein eine neue Funktion zugewiesen als Marchstein: Seit dem 19. Jahrhundert zeigt er die Grenze zwischen den Kantonen Freiburg und Waadt an. Freilich tat er das nicht seit jeher in der Senke am Flüsslein Parimbot, wo wir ihn heute vorfinden. Zuvor war er etwas weiter oben am Hang aufgestellt. Dort stand er offenbar nicht, er lag; er war wohl irgendwann umgestürzt. Nach einer Grenzkorrektur richtete man ihn 1996 am heutigen Ort neu auf. Ist diese Aktion nun gut oder schlecht? Schwer zu sagen. Irgendwie ist es eine kränkende Vorstellung, dass man einen solchen Koloss verschiebt, ihn also seinem Ursprung entreisst. Doch geniesst er am neuen Standplatz unten am Wasser eine sagenhafte Ruhe.

Hin kommen wir über eine Abfolge von Strässchen, ein Wanderweg führt nicht zu dem Stein, dessen Name – «Eselsrücken» auf Deutsch – unangemessen klingt. Beschaffen wir uns eine Wanderkarte! Nun ziehen wir von Oron-la-Ville eine Linie praktisch genau Richtung Westen. In knapp zwei Kilometern Entfernung finden wir das Dorf Vuibroye. Noch einmal 800 Meter weiter westlich (und leicht nördlich) trifft die Kantonsgrenze auf den Parimbot. Dort steht Majestät am Ende einer landwirtschaftlich motivierten Stichstrasse, einer Sackgasse also, und harrt der Besucher, die kommen. Gerne gewährt sie eine Audienz.

Der desaströse Handshake
603495 — **Bottisgrab** — 204971
(BE)

Der Ort ist hässlich. Direkt an der Autobahn liegt er, 800 Meter nordöstlich der Raststätte Grauholz. Und doch lohnt es sich hinzugehen. Weil der Ort so viel erzählt. Und weil er ein Rätsel darstellt. Bauen wir das Bottisgrab in eine dreistündige Wanderung ein! Start am Bahnhof von Zollikofen. Von dort zum Forsthaus. Auf der Brücke über die Autobahn in den riesigen Wald Grauholz, hinauf zum Schwarzchopf und hernach via Sädelbachhüttli, Hardegg und Hub nach Krauchthal.

Das Bottisgrab liegt auf der Zollikofer Seite der Autobahn, der Abstecher ist kurz. Vor der Brücke beim Forsthaus biegen wir links ab in die Böschung, hinab zum Autobahnzaun. Ihm folgen wir auf dem Grasstreifen 200 Meter nordwärts, bis wir die Infotafel sehen, die unser Ziel markiert. Das Bottisgrab – das sind drei Dinge, die sich verflechten, überlagern, ergänzen. Erstens: archäologischer Grabungsplatz mit einem Steinduo. Zweitens: Ort einer Sage, die bis in die Gegenwart wirkt und Literatur geworden ist. Und drittens: ein lokalpolitisches Anliegen.

Zuerst zur Archäologie. Bei der Tafel stehen im Abstand von siebeneinhalb Metern zwei Menhire, die irgendwie miteinander im Dialog stehen. Wenn es denn Menhire sind, von Menschen aufgerichtete Steine der Vorgeschichte; das wird vermutet. Unweit findet sich auch ein kleiner Hügel, wohl ein vorgeschichtlicher Grabhügel. Er tut aber wenig zur Sache. Die längste Zeit standen die Steine nicht an diesem tristen Platz, sondern 40 Meter entfernt. Dort, wo heute die Autos brausen. Als die Autobahn vor mehr als einem halben Jahrhundert gebaut wurde, mussten die Steine weichen. Man platzierte sie hart am Pannenstreifen. Auch drehte man das Arrangement um 90 Grad, sodass die ursprüngliche Südost-Orientierung verloren ging. Lieblos, diese Behandlung!

Schon zuvor war dem Bottisgrab Gewalt angetan worden, Schatzgräber durchwühlten im 18. und 19. Jahrhundert den Untergrund der Anlage. Archäologen des 19. Jahrhunderts fanden bloss noch eine Steinplatte mit einem Gerippe darunter sowie einen alten eisernen Schlüssel und Bruchstücke von – womöglich römischen – Ziegeln. Diese Objekte sind mittlerweile verschollen. Eine Nachgrabung im Jahr 1926 erbrachte nichts, damals stellte man den einen

Stein, der in Schieflage geraten war, wieder gerade, sechs kräftige Männer mühten sich ab. Bald darauf bekamen die Steine Gesellschaft. 1929 nämlich starb der hablische Bürger, der das Gelände zuvor gekauft und als Grabplatz hatte ausparzellieren lassen. So stand fortan ein Grabkreuz zwischen den Menhiren. 1959 grub man erneut – schon wieder kein Ergebnis. Und dann kam die Verschiebung wegen der Autobahn. Es bleiben zwei Steine suggestiver Wirkung, der eine 3 Meter 35, der andere 2 Meter 80 hoch, beide zum Gutteil im Boden versenkt. Aus geologischer Sicht handelt es sich um Findlinge, der grössere besteht aus Gneis, der kleinere aus Doggerkalk.

Nun zum Schriftgut und den Geschichten rund um das Bottisgrab. In *Die Rotentaler Herren* schreibt Jeremias Gotthelf: «Ein Riesengeschlecht habe da oben gewohnt und des Lebens sich gefreut in immer steigender Üppigkeit. Der letzte dieser Riesen soll im Grauholz begraben sein und sein Grabstein noch sichtbar. Diesen Stein habe des Riesen Schwester, die aus dem Freiburgbiet zu seinem Begräbnis gekommen, in ihrer Schürze mitgebracht.» Botti soll der Riese geheissen haben. Geht auf ihn und seine Legende der Name des Bottisgrabes und auch des nahen Bottisachers zurück? Oder gab es einst einen alemannischen Siedler namens Botto oder Botti?

Oder begann alles mit dem Ritter Botto, der angeblich im Grauholz begraben ist? Dominant ist die Geschichte vom Riesen. Er soll ein gutmütiger und hilfsbereiter Kerl gewesen sein, so gross wie ein Haus, sei freilich von den Menschen ausgenutzt worden; die Bauern hätten besonders den Druck seiner Pranke gefürchtet, der die Handknochen zu zermalmen drohte. Stattdessen hielten sie ihm ein Holzscheit hin, heisst es.

Die Figur Botti wirkt bis heute. Alljährlich erhebt sie sich aus ihrem Grab und eröffnet im nahen Ort Ittigen die Fasnacht, deren Umzug sie anführt. Zudem vergibt die Gemeinde Bolligen, auf deren Grund das Bottisgrab liegt, alle vier Jahre den «Botti-Preis» für verdiente Einzelpersonen oder Gruppen. Ein Lied hat Botti auch, den «Botti-Song» der Mundartband *Tschou zäme*. Darin zürnt Botti als Toter der lärmigen Autobahn, denn er hätte gerne seine Ruhe. Hat er wieder einmal genug, *«so streckt är d'Füess uf d'Spur u stoppt dermit der Outofluss wi are Muur»*. Womit erklärt wäre, weswegen der betreffende Autobahnabschnitt zu den gefährlichsten des Landes gehört, mit vielen schlimmen Unfällen.

Jetzt Punkt drei, das lokalpolitische Anliegen. Die Autobahn soll zwischen Bern Wankdorf und Schönbühl von sechs auf acht Fahrspuren ausgebaut

werden. Der Bundesrat hat zum Vorhaben im Grundsatz Ja gesagt. Frühestmöglicher Baubeginn ist Mitte 2027. Die Menhire müssen wieder verschoben werden, andernfalls würden sie in der Neubaufläche untergehen. 2019 soll das Projekt der Verlegung formuliert werden, 2020 soll diese abgeschlossen sein. Massgeblich beteiligt daran, dass die beiden Steine auf würdige Art weiterbestehen, ist die «Interessengemeinschaft Bottisgrab», die Druck auf Politik und Behörden machte. Ihr Anliegen ist es, dass eine der ältesten Steinstätten der Region wieder besser zugänglich ist und als attraktiver Ort im Bewusstsein der Bevölkerung erhalten bleibt. Das alles zeigt: Nie ist die Vergangenheit wirklich vorüber.
PS: Information dazu, wohin das Bottisgrab verlegt wird, findet man zu gegebener Zeit auf www.nubis-verein.ch unter «Projekte».

Kippt der Stein, bist du Mus
559830 — Pierrabot — 205970
(NE)

Nordseitig nehmen wir am Bahnhof Neuenburg Bus 109 nach «Neuchâtel, Trois-Chênes», einem grossen Sportareal. In zehn Minuten schaffen wir es von dort zu Fuss zur Pierrabot oder Pierre-à-bot. *Bot* ist Patois für «Kröte», dies ist also der Krötenstein, und

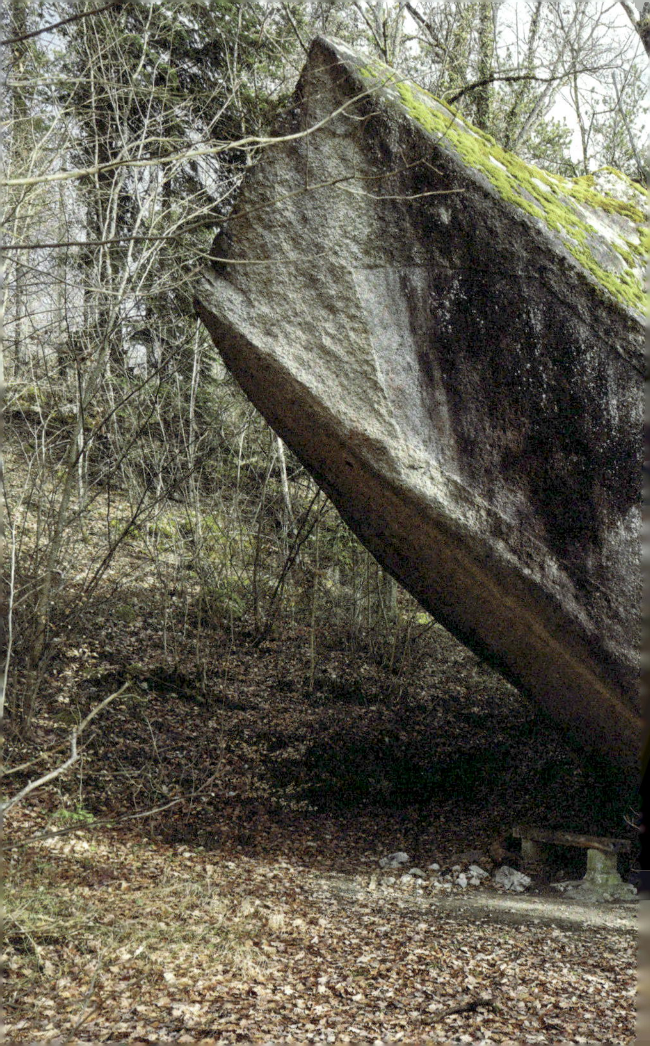

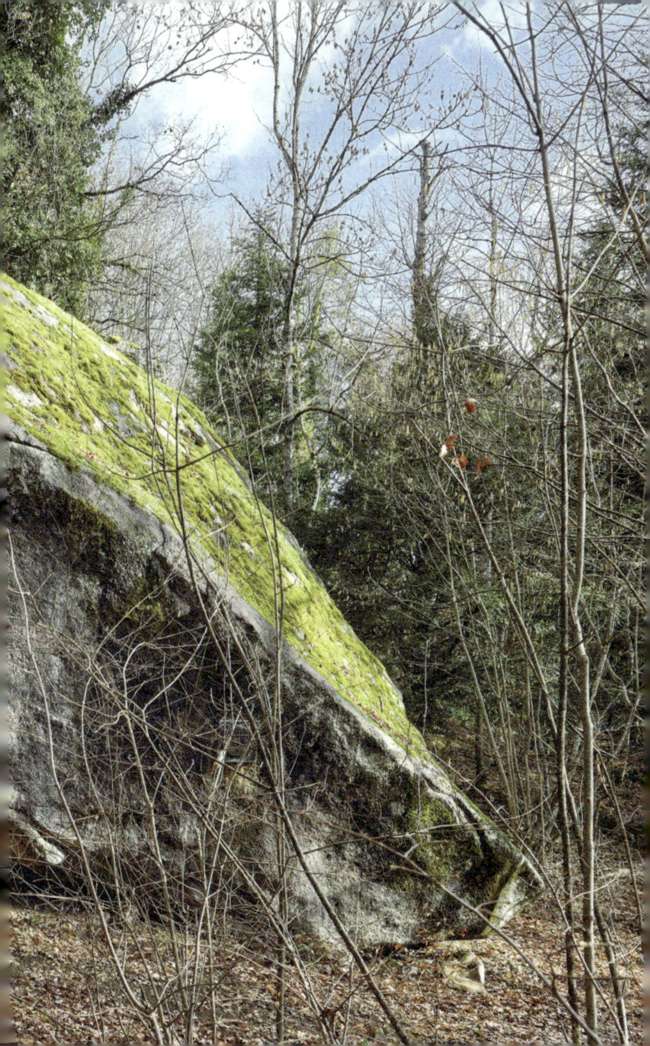

wirklich gleicht der Findling aus Granit einer sprungbereiten Kröte. Nicht von seiner Beschaffenheit her. Die Oberfläche ist alles andere als warzig; sagenhaft glatt ist sie und fühlt sich an wie ein Grabstein. Nein, das Krötenhafte rührt von der verblüffenden Neigung oder Steigung des Steins, der bei aller Schwere in flottem Winkel aufragt wie, eben, eine Kröte, die sich gerade zum Sprung bereit macht. Sich unter den Pierrabot aufs Bänkli zu setzen, braucht Mut, würde der Stein fallen, wäre man Mus. 1352 Kubikmeter Volumen hat er, wobei die Zahl je nach Quelle ein wenig variiert. Aus der Gegend des Mont Blanc stammt er und verkörpert Wissenschaftsgeschichte: Ihn brauchte der Naturforscher Louis Agassiz, 1807–1873 (Seite 109), als anschauliches Beispiel, um 1837 vor Fachleuten in Neuenburg seine Theorie zu verteidigen, wonach solche ortsfremden Blöcke von Gletschern antransportiert wurden.

Im Falle des Krötensteins war es der Rhonegletscher, der den Transport besorgte; dieser Gletscher zog sich vom Rhonetal zum Jurabogen, wo er sich zweiteilte, die eine Hälfte des Eisstromes zweigte in die Gegend von Lyon ab, die andere Richtung Solothurn. Relikte wie der Krötenstein sind Wegmarken, sie zeigen an, wo genau ein Gletscher durchkam. Eine grünliche Tafel am Stein, auf das Jahr 1966 datiert, trägt auf Französisch diese Inschrift: «Zur Erinnerung an Louis Agassiz, Arnold Guyot, Edouard Desor, Léon DuPasquier. Pioniere der Glaziologie und der Geologie des Quartär.» Falls jemand Buchstaben direkt auf dem Stein auszumachen glaubt, ist das keine optische Täuschung, sie stammen von einer Inschrift des 19. Jahrhunderts. Die perfekte Gehfortsetzung, wenn wir uns am Stein sattgesehen haben, was angesichts seiner radikalen Schönheit dauern dürfte: in zwei Stunden auf Neuenburgs Hausberg Chaumont. Dort gibt es ein Restaurant, einen Aussichtsturm, die Standseilbahn – was will man mehr?

Barbaren!
598346 — Pyramiden — 113524
(VS)

Von Weitem sehen wir die Erdpyramiden von Euseigne im Val d'Hérens: grauweisse Pfeiler im locker bewaldeten Hang. Manche der 10 bis 15 Meter hohen Nadeln tragen neckische Steinkappen. Wie kann eine solche Formation entstehen, die an Felsgebilde in Kappadokien in der Türkei erinnert? Die Erklärung wurzelt in der Eiszeit. Damals strömen zwei Gletscher zu Tale, die eine gemeinsame Mittelmoräne bilden, Schutt mit Felsbrocken. Das Eis komprimiert die Mittelmoräne mit ungeheurem Druck, die verbliebenen Hohlräume füllen sich mit Sand und Lehm, das Ergebnis nennt der Geologe «Betonmoräne». Später beginnt das Wetter zu wirken, der Beton mag hart sein, er wird doch vom Wasser zermürbt. Er bröckelt. An einigen Orten treten die Felsbrocken im Beton zutage und bilden nun Schutzkappen; während rundherum weiter Material abgetragen wird, bleibt es unter diesen Kappen bestehen.

So entstehen die Pyramiden von Euseigne. Bei aller Schönheit sind sie äusserst vergänglich, denn irgendwann geschieht es bei jeder, dass der schützende Stein obendrauf sich nicht mehr halten kann und zu Boden stürzt. Bei einigen Pyramiden ist das schon passiert; sie werden als Erste sterben, bei anderen wird das länger dauern. Alles eine Frage der Zeit. Leicht ist es hinzukommen. Das Postauto trägt uns von Sitten direkt hinauf, die Pyramiden haben kurz vor dem Dorf ihre eigene Haltestelle. Brutal der Verlauf der Strasse. Kurz nach dem Zweiten Weltkrieg brach man einen Tunnel durch eine der Pyramiden – Neuzeit-Barbaren haben der Naturgotik Gewalt angetan.

PS: Dies sind nicht die einzigen Erdpyramiden der Schweiz. Aber die am besten erreichbaren und betrachtbaren. Erdpyramiden gibt es zum Beispiel auch östlich von Zuort auf Gemeindegebiet Ramosch bei Prà San Peder, sie heissen «Cluchers da terra». Ebenfalls im Kanton Graubünden stehen die Erdpyramiden im Gründjitobel westlich von Langwies. Die «Steinmannli», wie sie genannt werden, sehen wir aus der Rhätischen Bahn, wenn wir auf dem Weg von Chur nach Arosa vor Langwies links, bergwärts, aus dem Fenster schauen.

Wandern: Leicht und familienfreundlich ist die Route von Veysonnaz den Grand Bisse de Vex entlang nach Hérémence (Kirche im brutalistischen Baustil) und über den Pont de Letévèno zu den Pyramiden von Euseigne. Dreieinhalb Gehstunden.

Poesie vom Geologen
535584 — Pierre à Cambot — 158173
(VD)

Der Wald von Vernand etwas nördlich von Romanel-sur-Lausanne ist einer dieser dicht mit Forststrässchen und Fusswegen durchwirkten Agglowälder. Ist eine Stunde des Tages denkbar, zu der man hier nicht einen Pensionierten trifft, der den Hinkehund ausführt? Der Wald gehört zur Gemeinde Lausanne, wir erreichen ihn und die Pierre à Cambot mit der LEB, der Lausanne-Echallens-Bercher-Bahn, die aus dem Waadtländer Hauptort ins Grüne führt, ins Gros de Vaud, die Kornkammer der Waadt; am besten steigen wir in Romanel aus.

Lohnend ist der Ausflug auf jeden Fall, der Stein ist in dem banalen Waldstück eine Erscheinung oder gar Offenbarung. Ein edler Klotz. Noblesse. Aus jedem Winkel sieht er anders aus, gedrungen und geglättet von der einen Seite, zerklüftet und zackig wie ein kleiner Pilatus von der anderen. Vor anderthalb Jahrhunderten klassierte man ihn als historisches Monument. 50 Kubikmeter von ihm sind sichtbar, 267 Tonnen soll er wiegen, er besteht aus Konglomerat und kam aus der Region Martigny. Ein Findling also. Sein Charisma verrät sich darin, dass er auch gestandene Akademiker ins Schwärmen bringt; der Universitätsprofessor Arnold Bersier jedenfalls verfasste 1967 einen poetischen Aufsatz. Darin schreibt er: «Wahrhaftig, ein sehr grosser Stein, der einen im Herzen trifft. Diese dreiste Gegenwart eines monströsen Objektes in diesem Wald, der ganz flach ist. Was tut es hier? Ist er gewachsen, dieser dicke Felsblock, wie die grossen Bäume, die ihn umstehen und überragen? Nun, ein Stein wächst nicht, dieser wirkt wie hingestellt. Als warte er.»

So sieht es der Geologe aus Lausanne. Gerne wüssten wir nun natürlich, warum der Stein den Namen «Cambot» trägt. Es ist nicht bekannt, auch die Infotafel vor Ort gibt ihre Ignoranz zu. Sie schenkt uns dafür ein Märchen: Der tumbe Riese Gargantua rastete auf dem Mont Vully. In seinem Beutel hatte er ein paar Lammkeulen und Schinken, die er verzehren wollte. Während er sich ans Essen machte, schlich sich Satan heran, der auch Hunger hatte, und nahm sich Fleischstück um Fleischstück. Als Gargantua merkte, dass man ihn beklaut hatte, schrie er: «Also das... das ist ein starkes Stück! Die Pest soll die Gauner holen, die mich bestohlen haben!» Rundum flohen Menschlein. Einige zertrampelte Gargantua mit seinen Stiefeln, um alsbald von dannen zu ziehen, während er – ein Wutritual – seine Schleuder mit einem Felsblock lud. Der sauste durch die Luft, um im Wald von Vernand zu landen. Wäre auch ein Name: Gargantua-Stein.

Die Kirche hat einen Tumor
661835 — **Angelsachsenstein** — 240870
(AG)

Felix und Regula waren Geschwister zur Zeit der Spätantike. Frühe Christen. Auf der Flucht vor den Häschern des römischen Kaisers kamen sie aus dem Wallis nach Zürich und verbreiteten auch hier eifrig den neuen Glauben. Bis sie gefangen genommen wurden. Die Legionäre enthaupteten sie dort, wo heute die Wasserkirche steht. Felix und Regula sollen daraufhin mit ihren Köpfen unter dem Arm 40 Schritte von der Limmat den Hang hinaufgestiegen sein, um niederzusinken, wo heute das Grossmünster steht; nach anderen Darstellungen wurden sie von Engeln getragen. Sarmenstorf im Kanton Aargau (Seite 198) hat eine ähnliche Legende. Sie berührt sowohl die Pfarrkirche im Dorf als auch die etwas höher gelegene Wendelinskapelle. Dort findet sich unser Findling, der halb im Freien und halb in der Kapelle liegt.

Besagte Legende wird in abweichenden und unterschiedlich genauen Varianten serviert. Nehmen wir zuerst die Version auf der Homepage der Römisch-Katholischen Landeskirche des Kantons Aargau. Gemäss ihr wurden zu Beginn des 14. Jahrhunderts zwei angelsächsische Wallfahrer in der Gegend überfallen und enthauptet. Mit dem Kopf unter dem Arm setzten die beiden ihre Reise fort. Als ein Gewitter aufzog, nahmen sie Zuflucht unter dem Findling, den heute die Wendelinskapelle einfasst. Am nächsten Tag wurden die Leichen gefunden.

Nun dieselbe Legende von der Homepage der Gemeinde Sarmenstorf. Die sogenannten Angelsachsen waren demnach zu dritt: Ritter Kaspar von Brunnaschwyl, Graf Erhard von Sax sowie ein namenloser Knecht. Von einer Einsiedeln-Wallfahrt kommend, wurden die Ritter in Boswil zu einer Hochzeit eingeladen und schenkten der Braut eine Goldmünze. Das machte böse Menschen begehrlich, die ihnen beim Büelisacker in Waltenschwil unweit von Sarmenstorf auflauerten und sie ermordeten. Der Knecht trug seinen abgeschlagenen Kopf – und sich selber – nach Boswil, die beiden Adeligen hielten nach Sarmenstorf. Dort fand man sie vor der Dorfkirche liegen und bestattete sie. Der Findling am Standort der späteren Wendelinskapelle kommt in dieser Fassung ebenfalls vor: Unter ihn verkrochen sich die Pilger vor einem Unwetter, worauf der Stein an Volumen zulegte, um sie noch besser zu schützen. Spontangedanke: Das war lieb vom Stein, denn wer keinen Kopf hat, dem regnet es in den Hals.

Die katholische Kirchgemeinde Waltenschwil, auf deren Boden sich besagter Überfall ereignet haben soll, geht die Sache aus dem Geiste der Aufklärung an, also mit Skepsis respektive dem Willen, die Vorgänge ins Neuzeitliche zu übersetzen. Zitat von ihrer Homepage: «Wir dürfen vermuten, dass den überfallenen Wallfahrern der Schädel eingeschlagen wurde. Im seinerzeit üblichen Sprachgebrauch hiess das, den Leuten sei der Kopf abgeschlagen worden», klingt es aus dieser Quelle. Und: «Höchstwahrscheinlich erlitten die beiden Angelsachsen beim Überfall schwere Schädelbrüche, verstarben indes nicht gleich am Tatort. Vielmehr dürften sie sich aufgerafft und weiter nach Sarmenstorf gezogen sein.» Dort seien die Schwerverletzten bei der heutigen Kapelle zusammengebrochen. All das habe sich laut alten Überlieferungen im Jahre 1309 zugetragen.

Hübsch, wie die drei Legenden sich ergänzen und konkurrieren. Die NZZ hat sich ebenfalls an dem Stoff versucht, wobei die Ritter hochdeutsche Namen tragen, was den Zusammenhang zum Wort «Angelsachsen» erhellt: «Kaspar von Braunschweig» und «Graf Eberhard von Sachsen» kamen demnach aus dem Norden Deutschlands, jener Grossregion im allerallerallerweitesten Sinn, wo die Angeln und Sachsen siedelten. Beim Büelisacker, so die Zeitung, wurden die Ritter getötet; ob der sie begleitende Knecht verschont wurde, sei nicht überliefert. Die Geköpften seien alsbald weiter nach Sarmenstorf gezogen, wo sie starben. Dankbar ist man der NZZ für Angaben dazu, wie es weiterging: 1471 liess Hans von Hallwyl, der spätere Held der Schlacht bei Murten, für die Enthaupteten einen steinernen Totenschrein anfertigen. 1658 entstand ein Nachfolgemodell. Dieser Sarkophag steht in der Wendelinskapelle, ist aber leer, weil man 1712 im Zweiten Villmergerkrieg die Gebeine entnahm und irgendwo in der Sarmenstorfer Pfarrkirche vergrub; später bestattete man sie dort im Kreuzaltar.

Nun aber zum Findling. Wenn wir den Erratiker sehen, der auch «Angelsachsenfindling» genannt wird, denken wir unwillkürlich an einen Fressvorgang. Es wirkt, als habe sich der riesige Stein tumorartig durch die Kapellenwand genagt. Aber natürlich war es genau umgekehrt und war es die Kapelle, die ihn teilweise verspies. Im Inneren steht der Sarkophag unter dem Stein, der ein kleines Stück weit in den Raum ragt. Darüber erhebt sich ein Seitenaltar. Ein Letztes: Die Geschichte von den Angelsachsen prägt auch das Sarmenstorfer Gemeindewappen. Es zeigt zwei gekreuzte Pilgerstäbe.

Ein Graffito reicht
723326 — Schlattstein — 214100
(GL)

1985 schaute sich die NZZ ein wenig in Netstal um, einfach so, im Titel des Artikels treffen wir auf das Wort «Umgang» für diese journalistische Art des Gehens, Rekognoszierens, Verweilens. Unter anderem fielen dem Schreiber die prachtvollen Brunnen auf. Die meisten von ihnen schuf der Steinhauer und Maurermeister Salomon Simmen aus Glarus. Die Steinblöcke, die er bearbeitete, stammten von der Dejenstock-Geröllhalde, von den Breccienfelsen beim Kohlgrüebli und von den Kalkblöcken um Riedern. Am

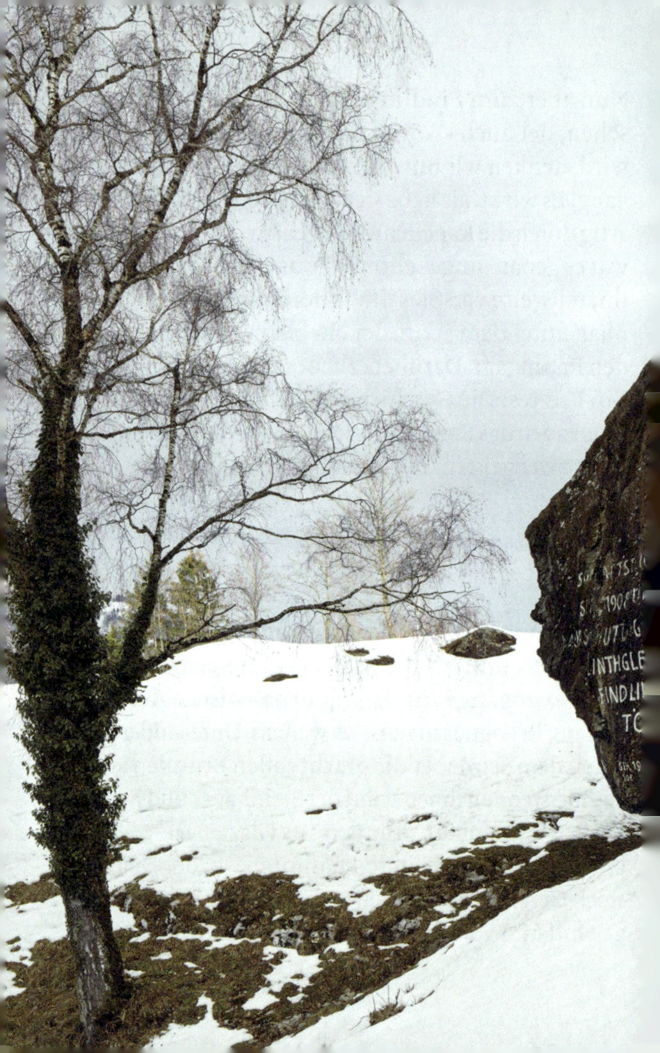

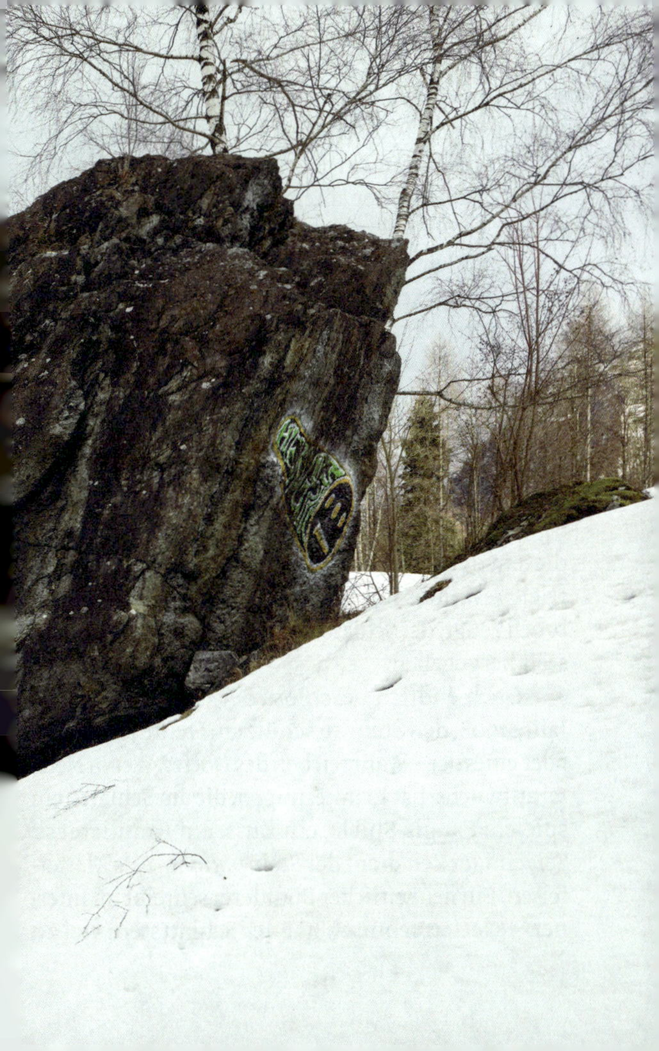

Fundort wurden die Blöcke gehauen und im Winter vom rüstigen Teil der Einwohnerschaft auf unterlegten Tannenträmeln in den Ort geschleift. Verrückt, was an Mühe hinter einem Dorfbrunnen steht, aus dem es gefällig plätschert.

Und gleichzeitig sind wir im Fall von Netstal froh, dass der Schlattstein nicht behelligt wurde, als das Material für die Brunnen gewonnen wurde. Vom Bahnhof aus sichtbar, steht der Stein auf der anderen Seite der Linth leicht erhöht im Gebiet Schlatt; aus geologischer Sicht handelt es sich um eine Abart des Verrucanogesteins. Vor 25 000 Jahren ungefähr dürfte der Linthgletscher, als er sich zurückzog, den Schlattstein liegen gelassen haben. Zweimal drohte diesem der Untergang, denn Netstal ist ein industriell gesinntes Dorf, wovon der riesige Kalksteinbruch zeugt; der Schlattstein hätte gewiss guten Baustoff hergegeben.

Doch endlich beschloss der Gemeinderat im Jahre 1908, den Stein zu schützen. Heute ist er das – oder eines der – Wahrzeichen des Dorfes. Wer in Netstal aufwuchs, hat Erinnerungen, die am Schlattstein spielen: Fangis-Spiele, ein Kuss, ein Familienfest. Seit einiger Zeit dient der Stein vermehrt als Kletterfelsen. Ein neuzeitlicher Boulderer schreibt im Internet: «Klettertechnisch hat der Schlattstein viel zu bieten, und es hat für jeden Schwierigkeitsgrad etwas dabei. Zum Teil klettert man deutlich über der Absprunggrenze (...), was den Spielraum für gewagte Projekte, je nachdem in welchem Schwierigkeitsgrad man klettert, etwas schmälert.» Doch, der Schlattstein ist ein flexibler Kerl, der auch neuzeitlichen Bedürfnissen entgegenkommt.

Nähern wir uns ihm in einer Wanderung, die kurz und reizvoll ruppig ist! Von Glarus gehen wir hinüber nach Ennetbühls östlich der Linth, gewinnen auf einem rampenartigen Weg Höhe, kommen in die Wiesen, queren die Bachselirus, halten vorwärts am Kalksteinbruch im Gebiet Elggis und erreichen via Fiitsch den Schlattstein. Gut anderthalb Stunden haben wir gebraucht und waren an der Kante zum Steinbruch froh um den Hag. Unser Stein begrüsst uns mit einem abgewandelten Smiley in Gelb-Schwarz: Strichmund, drei Punkte anstelle zweier Augen, grüne Signatur. Ist das nun ärgerlich? Nun, auf der unteren, Netstal zugewandten Seite des Steins gibt es eine viel grössere Menschenspur. Grossbuchstaben. Der Schriftzug in Weiss verkündet, dass der Findling vom Tödi seit 1908 unter Schutz stehe. Und also könnte der Smiley-Sprayer argumentieren, dass er nicht der Erste sei, der den Stein markiert hat. Allerdings wäre es schön, wenn nicht noch weitere Graffiti hinzukämen. Der Schlattstein ist um einiges erhabener als eine kommune Hausmauer irgendwo in der Vorstadt. Er verdient Respekt.

Total veremmentalert
510648 — Pierre à Mille Trous — 146558
(VD)

Bursins, Bursins, Bursins, war da nicht etwas mit Bursins? Ah ja: Es ist der Geburts- und Lebensort von Bundesrat Guy Parmelin, Bauer und Winzer. Und auf dem Friedhof ist der 2004 verstorbene Jahrhundertschauspieler Peter Ustinov begraben. Beides bedacht, steigen wir auf durch die Reben, wobei die Landschaft sich wandelt. Unten, das ist See, mildes Klima, Weinbau. 400 Meter höher sind wir in einem raueren Land der Äcker und Pferdeweiden, haben vor uns den Juraviegel mit dem La-Dôle-Gipfel zur Linken. Auf dem Wanderweg nach Maison Rouge, nunmehr im Grenzgebiet von Bursins und dessen Nachbargemeinde Burtigny, kommen wir zur Pierre à Mille Trous. Dem Stein der tausend Löcher.

Ein Schild kündigt ihn an und erzählt vom Rhonegletscher, der vor vielen tausend Jahren grosse Steine herantrug und als Rätsel an die Menschen manchenorts deponierte. Ein solcher Findling sei auch die Pierre à Mille Trous, von deren Löchern man annehmen müsse, dass sie wohl nicht durch Menschen gemacht worden seien. Also durch Witterungseinflüsse? Das Schild schweigt dazu. Jedenfalls ist der Stein eine bemerkenswerte Erscheinung. Ein Löcherkäse ist er, total veremmentalert. Vor allem die Rückseite, die dem flüchtigen Passanten verborgen bleibt. Die Höhlungen sind teilweise so gross wie ein Handball, wir müssen einfach spekulieren und könnten zum Beispiel fragen: War das eine Postanlage der Steinzeit, in der ein Mann zum Beispiel einen Faustkeil deponierte, den sein Bruder dann abholte? Mit Kindern wird es lustig sein, dieses Rätselspiel zu spielen.

Wenn wir weiterziehen durch den Wald von Vuillebrandaz oder Vulliebrandaz, der dem Kanton Waadt gehört, warten gegen Norden weitere Brocken. Sie sind zum Teil auf der Karte eingezeichnet und beschildert, ein «Sentier des Pierres» erschliesst sie. Die Pierre à Phébou weist 75 kleine Schalen auf und wird von Heutigen als prähistorischer Altar empfunden. Und die Pierre à Roland soll auf den Helden Roland zur Zeit Karls des Grossen zurückgehen, der angeblich in der Gegend weilte. Oder auf den biblischen Goliath, der in Rage den Stein mit seinem Schwert spaltete; es gibt leider zu allen Zeiten Leute, die sich nicht im Griff haben und ihre Wut an Wehrlosen auslassen.

Allzu viel Respekt scheinen auch die Menschen des nahen Burtigny vor dem Roland-Stein nicht empfunden zu haben; nach einem Grossbrand 1864 bedienten sie sich an ihm, um den Uhrenturm im Dorf wieder aufzumauern. Auch da wieder: Steine sind stumm, sie nehmen hin, was wir ihnen antun, sie sind, was wir aus ihnen machen. Und unsere Wanderung, die in Bursins begann? Toll ist die Fortsetzung nach Longirod und Saint-George, dreieinhalb Stunden Gehzeit müssen wir für die ganze Unternehmung rechnen. Das Innehalten vor den Pierres nicht inbegriffen.

Wo sind hier die Heiden?
662265 — Heidenhübelstein — 239850
(AG)

Der einstige Gasthof zum «Wilden Mann» in Sarmenstorf ist ein stattliches Haus, über einen Meter dick sind seine Bruchsteinmauern, dies ist eines der ältesten Häuser im Dorf. Für den Bau wurde auch Material vom «Heidenhübelstein» verwendet, wird überliefert. Trotz der Schmälerung durch Menschenhand bleibt dieser doch eine Erscheinung von Format. Im Wald liegt er, wir kommen auf dem Wanderweg vorbei, wenn wir von Sarmenstorf nach Bettwil gehen. Garantiert werden wir innehalten vor dem gewaltigen Brocken, dem übrigens die heutigen

Dörfler viel Zuwendung schenken; Zeitungsartikeln ist zu entnehmen, dass der Heidenhübelstein samt der Feuerstelle auch schon «geputzt» wurde. Er ist heute jemand, er gehört dazu, er ist eine kommunale Grösse, er wird estimiert oder gar geliebt. Und er wird als Rarität eingeschätzt, weil er aus alpinem Kieselkalk besteht, was offenbar bei Findlingen eher selten ist. Gar in der Landeskarte ist er eingezeichnet, sodass es nun wirklich leicht ist, ihn zu finden.

Ob aber der Name auf heidnisches Tun im Schutze seiner Wand verweist? Das ist nicht gesichert, «Heiden»-Flurnamen können auch auf die «Heide», gleich «unbebautes Land», zurückgehen. Vorstellen kann man es sich aber durchaus, dass beim Heidenhübelstein, 18 mal 6 mal 6 Meter, Kultisches geschah. Es ist von ihm aus auch nicht weit zu zwei archäologischen Stätten der vorchristlichen Ära: zu den steinzeitlichen Grabhügeln oben im Zigi und zu den Resten der Römervilla im Murimooshau, die unter einem Schutzdach optimal inszeniert sind; beide Orte sind bestens ausgeschildert und zugänglich. Hatte der Heidenstein mit ihnen zu tun? Wir wissen es nicht. Spekulieren bringt nicht viel, doch die Frage nicht zu stellen, wäre irgendwie auch seltsam.

Im Internet gibt es Fotos, die zeigen, wie Kinder den Stein erklettern. Der Betrachter denkt unwillkürlich: Ist das nicht gefährlich? Was, wenn sich der Riese zu schütteln beginnt? Der Heidenhübelstein ist der Inbegriff eines Steins, der auch eine Person ist.

Ein Vogel zieht um
777339 — Güggelstein — 200240
(GR)

Den Hahn kennen wir von den reformierten Kirchen, wo er auf der Turmspitze anzeigt, wie der Wind weht und dreht. Als Christussymbol erinnert er zweifach an die Geschehnisse im Neuen Testament. Zum einen spricht Jesus im *Matthäusevangelium* zu seinem Jünger Petrus: «Amen, ich sage dir: In dieser Nacht, ehe der Hahn kräht, wirst du mich dreimal verleugnet haben.» Worauf Petrus antwortet: «Selbst wenn ich mit dir sterben müsste – ich werde dich nicht verleugnen.» Zum anderen ist der Hahn der Erste, der das Ende der Nacht verkündet. Er tut es auch an jenem Morgen, als die ersten Frauen und Männer das leere Grab Jesu entdecken, und so verschmilzt der Schrei des Hahns in symbolischer Hinsicht mit dem Ruf der Menschen, dass Jesus auferstanden sei.

Und was hat das jetzt mit dem Güggelstein von Pany zu tun, einem Findling aus Silvrettagneis in Vorzugslage oberhalb des Dorfes an einem Ort, von dem aus man über das Prättigau und zu den Bergen um Klosters und Davos sieht? Nun, auf ihm ist auf einer Stange ein Güggel montiert. Und dieser Güggel thronte einst auf einer Kirche. Auf der von Pany eben, die im Jahre 1705 gebaut worden war. Zwei Jahrhunderte später, 1907, sollen Kinder gezündelt haben, als ihre Eltern nicht aufpassten; am Ende brannten Häuser und stand auch der Kirchturm in Flammen. Der Güggel stürzte vom Turm. Man zügelte ihn zum Findling, der bis dahin «Gross Stein» geheissen hatte und nun einen neuen Namen bekam. Übrigens: Auch in Glattfelden im Kanton Zürich gibt es einen Findling namens Güggelstein. Warum er so heisst, ist nicht bekannt.

Und damit zurück ins Prättigau: Eine tolle Wanderung führt in fünf Stunden von Pany via den Güggelstein bei der Skilift-Talstation und via das Bad nach Bova, weiter durch den Tschuogger Wald aufs Chrüz, den schönsten Panoramaberg weit und breit, und über Valpun und Aschüel hinab nach St. Antönien-Platz.

Das Zwergenrefugium
580392 — **Holenstein** — 217825
(BE)

Starten wir in Tüscherz, dem Winzerdörfchen am Bielersee. Durch die Reben zickzackt der Wanderweg aufwärts, dann geht es parallel zum Seeufer Richtung

Südwesten. Unweit des Dörfchens Gaicht – in der «Tanne» könnten wir prachtvoll einkehren – erreichen wir die Schlossflue und steigen in einer langen Fastgeraden via Chapf ab nach Twann.

Spätestens dort, wieder am Wasser wie beim Start, gibt es nach der knapp zweistündigen, dabei aussichtsreichen Wanderung in einem der Restaurants ein Glas Weissen oder zwei. Dazu einen Fischteller. Und wohl auch eine Diskussion oder ein Werweissen über den Holenstein, der bisweilen auch «Hohler Stein» heisst. Einen Kilometer nordöstlich von Gaicht haben wir ihn am Wanderweg im Wald angetroffen; die Karte liess keinen Zweifel, wo er steht.

Seinen Namen verdankt der Stein der Tatsache, dass er als Platte fast zur Hälfte über seine Unterlage, eine Felsrippe, vorragt und einen hohlen Raum bildet. Eine kleine Zuflucht. Ein Zwergenrefugium. Schön flach ist diese Platte, sodass wir – auch Kinder – von der einen Seite aufspringen und sie begehen können. Oben haben wir das Gefühl, auf einer Sprungschanze zu stehen. Der Kopf des Steins hat gleichzeitig etwas Reptilienartiges und erinnert an ein Schlangenmaul. Die Abmessungen: 10 auf 8,7 Meter Grundfläche bei 3 Metern Dicke. Aus Montblanc-Granit besteht der Brocken und kam durch das eiszeitliche Speditionsunternehmen Rhonegletscher in die Gegend der

Trois Lacs; die Unterlage ist aus Kalk. Auf Ansuchen dreier namhafter Geologen, Edmund von Fellenberg, Bernhard Studer und Isidor Bachmann, schenkte die Bürgergemeinde Twann 1870 den Stein dem Naturhistorischen Museum Bern, womit er in Sicherheit vor Abbauversuchen war. 1939 wurde diese Vergabe bestätigt. Der Holenstein hat seither Platzrecht per Grundbucheintrag. Er kann in Frieden ruhen. Und uns Besucher erfreuen.

Tragender Stein der tragenden Säule
613554 — Joggeli-Findling — 265513
(BS/BL)

Vor einigen Jahren fuhr der Künstler Eric Hattan, der in Basel und Paris wirkt, durch den Aargau. Bei Brugg sah er aus dem Autofenster am Rand einer Kiesgrube einen riesigen Granitfindling. Mittlerweile ist dieser zum Städter mutiert. Zum urbanen Protz. Wir finden ihn im Foyer der Basler St. Jakobshalle. Eine Klärung für alle Nichtbasler: Wir dürfen die St. Jakobshalle («Joggelihalle») nicht mit dem St. Jakob-Park («Joggeli») verwechseln. Beim Park handelt es sich um ein Fussballstadion, bei der Halle um eine multifunktionale Einrichtung für Events vom Tennisturnier «Swiss Indoors» über Rockkonzerte bis zur Reitveranstaltung.

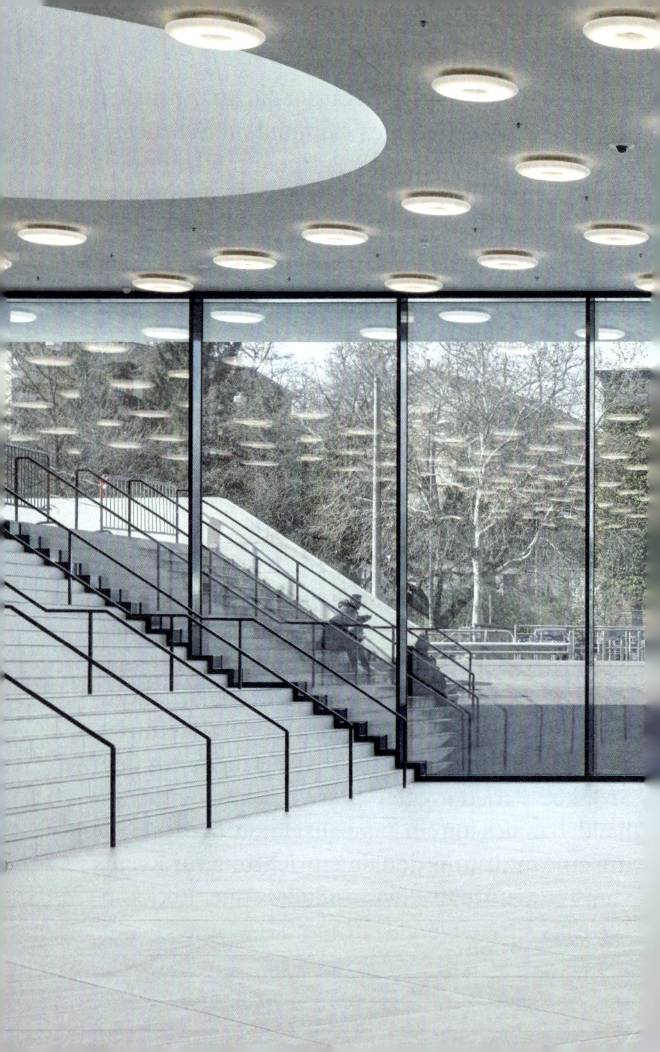

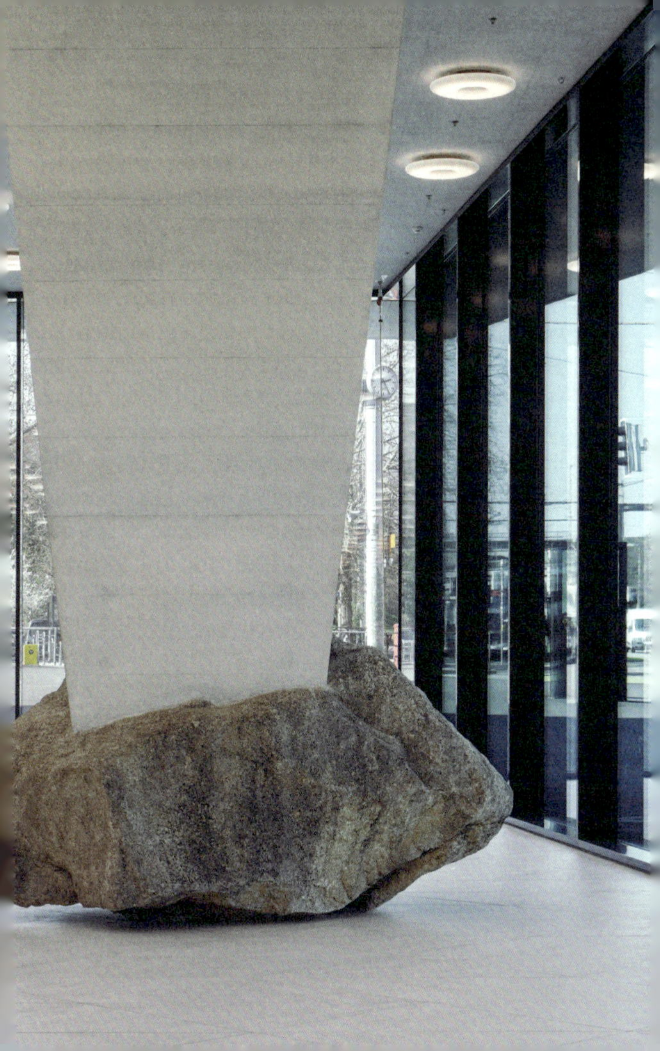

Gemeinsam haben beide Orte die Haltestelle: Tram Nr. 14 trägt uns vom Aeschenplatz unweit des Basler SBB-Bahnhofs nach «St. Jakob». Und nun haben wir ein Problem, wenn wir uns der Halle zuwenden, die für 110 Millionen Franken vom Kanton Basel-Stadt kürzlich saniert und mit einem nigelnagelneuen Foyer ausgestattet wurde. Der Findling findet sich im Foyer. Bloss ist dieses nicht immer zugänglich. Die «Joggelihalle» ist in der Regel offen, wenn ein Anlass stattfindet, wir müssten also ein Billett für diesen Anlass kaufen. Immerhin gibt es bisweilen öffentliche Führungen. Ebenfalls tröstlich ist, dass wir den Stein bequem von aussen durch die Scheibe betrachten können. Wir finden ihn gleich rechts neben dem Hauptportal. Er dient als Grund- und Ankerstein für den einzigen Pfeiler des Foyers, auf dem 2800 Tonnen Gewicht lasten. Und gleichzeitig ist er ein Stück Kunst. Oder als solche gedacht.

Fast hätte es um den Findling einen interkantonalen Zwist gegeben. Denn Künstler Hattan hatte nicht beachtet, dass Findlinge dieser Grösse allenfalls geschützt sind; eine Bewilligung für den Abtransport hatte er nicht. Doch zeigten sich die Aargauer mitleidig und gaben den abgezügelten Stein im Nachhinein frei. Begründung des zuständigen Chefbeamten: «Dies betrachten wir ohnehin als eine Art Kompensationsmassnahme für den geologisch benachteiligten Kanton Basel-Stadt, denn die Gletscher sind – nach heutigem Kenntnisstand – auch in der kältesten Phase der Eiszeit halt nie weiter als bis nach Möhlin gekommen.»

Mit anderen Worten: In Möhlin, baselnaher Aargau, gibt es Findlinge, in Basel aber nicht. Das reiche Basel ist arm dran! Der Beamte brachte in der Basler TAGES-WOCHE gleich ein zweites gutmütiges Argument vor, das für die Umplatzierung des gut 25 Tonnen schweren Steins spricht: «Es geschieht leider viel zu selten, dass geologische Objekte derart gebührend in Wert gesetzt werden wie dieser Findling.»
PS: Die «Joggelihalle» steht im Gebiet der Gemeinde Münchenstein, Basel-Landschaft. Das Land gehört jedoch wie die Halle dem Kanton Basel-Stadt.

Wackelt nicht mehr
522390 — Pierre Pendue — 166162
(VD)

«Pied du Jura» nennt sich die Gegend, die Dörfer liegen weit auseinander, die Häuser sind aus gelbem Kalkstein. Idee: Wir wandern dreieinhalb Stunden. Setzen in La Sarraz an, ziehen hinüber nach Ferreyres und Moiry, um schliesslich nach L'Isle zu halten, dessen Schloss samt Parkanlage und Zierbassin nicht nur aussieht wie ein kleines Versailles. Das Schloss von L'Isle ist in gewisser Weise Versailles. Es wurde entworfen vom Versailles-Erweiterer und königlichen Hofarchitekten Jules Hardouin-Mansart in der Epoche von Louis XIV.

Komplett wird unsere Wanderung durch einen weiten, zum Teil nicht signalisierten Umweg zwischen Moiry und L'Isle: Wir erwählen uns die Pierre Pendue, die einsam einen guten Kilometer östlich von Mont-la-Ville liegt und auf der Karte eingezeichnet ist, als Exkursziel. Still der Wald, der sie birgt. Kleine Bäche durchziehen ihn. Gefallene Bäume liegen überall. Und kleine und mittelgrosse Steinblöcke, die durch hellgrünes Moos verhüllt sind; die kleineren sehen aus wie Bowlingkugeln. Die christlichen Besinnungstafeln eines Themenweges vermögen mit der Atmosphäre des Waldes, mit seiner Kraft nicht mitzuhalten.

Die Pierre Pendue findet sich in einer Senke, ein Klotz höherer Ordnung, der zur einen Seite eine Art Spitze oder Schnabel bildet. Darunter leerer Raum. Von da rührt das Beiwort «aufgehängt», der Stein ragt ins Leere. Ein Schild erinnert an einen verdienten Mann des Waldes: «Die Gemeinde Cuarnens in Dankbarkeit für ihren Förster Ernest Chappuis, 1905–1953.» Alles klar? Eine Frage bleibt: Es gibt Leute, die sagen, man könne diesen Stein mit der eigenen Körperkraft zum Wackeln bringen. Aber wie? Der Test ergibt, dass sich die Pierre Pendue keinen Millimeter rührt, wo auch immer die Hände zulangen und Druck ausüben. Gibt es einen Trick? Ist das mit dem Wackeln eine Erfindung? Oder hat sich der Stein leicht gesenkt? Und stimmt es, dass er sich in der Weihnachtsnacht exakt um Mitternacht einmal um sich selber dreht? Warm anziehen und an Weihnachten hingehen!

Abgeschoben
542150 — **Alignement** — 150500
(VD)

Das Alignement von Lutry, diese Aufreihung prähistorischer Menhire: eine Preziose. Die haben in dem Ort unweit von Lausanne, am oberen Rand des Städtchens, tatsächlich ein Monument aus der Jungsteinzeit. Leider findet es sich am Rand eines Parkfeldes. Auf einer urbanen Niemandsfläche mit schütterem Gras an den Rändern, die Kleinabfall wie leere PET-Flaschen und zerknüllte Schoggiriegelverpackungen magisch anzieht. Die heutige Lage nimmt dem Monument einen Teil seiner Würde. Das kann Besucher wütend machen, die seinetwillen gekommen sind und nicht, um zu shoppen. Wenn wir vor Ort feststellen, dass die meisten Leute das Alignement gar nicht zur Kenntnis nehmen, während sie die Einkaufstasche vom Hintersitz des Autos klauben und zum Shopping zotteln, mag das mit der tristen Umgebung des Alignements zu tun haben.

Nun – wenigstens ist es da und hat man es nicht in irgendein universitäres Depot verbannt. Beim Bau der Tiefgarage von La Possession samt Parkfeld kam das Denkmal 1984 zum Vorschein. Es ist 6000 bis 6500 Jahre alt. Die 21 Menhire, schlanke, verschieden hohe Steine, die zum Gutteil grob behauen sind und Menschensilhouetten bilden, wurden in unserer Gegenwart neu aufgereiht auf einer Länge von 20 Metern. An dem einen Stein sind Einritzungen zu erkennen, die die Archäologen als Wehrgehänge sowie Ringe und Anhänger deuten; dieser Stein ist als Original 50 Meter weiter südlich in der Passage du Simplon in einer Vitrine ausgestellt. Im Führer *100% Archäologie Schweiz* steht zu lesen: «Die Menschendarstellungen von Lutry belegen die symbolische und kultische Bedeutung solcher Menhirgruppen für den prähistorischen Menschen, auch wenn wir nicht genau wissen, ob damit reale Personen, mythische Gestalten oder Gottheiten gemeint sind.»

Hoffentlich war es keine Gottheit! Sonst würde sie wohl die Parkieranlage von La Possession verflu-

chen. Eine auffällige Häufung von Unfällen beim Ein- und Ausparkieren ist aber nicht bekannt.
Wandern: Die Besichtigung des Altstädtchens von Lutry – hufeisenförmiger Grundriss auf dem Schwemmkegel der Lutrive – lohnt. Die Einnahme örtlichen Weissweins ist zu empfehlen, wir sind im Weinbaugebiet Lavaux. Nachdem wir das Alignement gewürdigt haben, drängt sich die seenahe Leichtwanderung von anderthalb Stunden nach Lausanne-Ouchy auf. Sitzbänke, Bootsstege, Kiesbüchtlein laden zum Verweilen, Picknicken und Baden, die Enten quaken um Brot. Unterwegs passieren wir das Anwesen «Verte Rive». Hier lebte bis zu seinem Tod 1960 Weltkriegsgeneral Henri Guisan. Ouchy besticht durch die Grandeur seiner Quais, notabene liegt an ihnen das Olympische Museum. Mit der U-Bahn geht es am Ende steil hinauf zum Bahnhof von Lausanne.

Disney-Steinzeit
542950 — **Dolmen von Praz Berthoud** — 188800
(VD)

Der Dolmen von Praz Berthoud, unweit von Onnens hangseitig an der Autobahn von Neuenburg nach Yverdon gelegen, hat etwas Künstliches. Etwas Arrangiertes. Etwas Disneyhaftes. Kopfgrosse Rundsteine sind dekorativ zum rahmenden Kreis angeordnet, die massiven Steinplatten im Zentrum teilweise auffallend manierlich geformt. Doch braucht man die Rekonstruktion eines Massengrabes aus der zu Ende gehenden Jungsteinzeit auch nicht zu harsch zu kritisieren. Die demonstrative Visualisierung bringt einen Vorteil mit sich. Wir bekommen plastisch vorgeführt, wie eine solche Anlage der Urzeit aussah.

In den Jahren vor und nach der Jahrtausendwende, beim Bau der Autobahn, kam in diesem Abschnitt so manches ans Licht. In gewächshausartigen Schutzzelten arbeiteten zeitweise an die 100 Archäologen daran, die einzelnen Kulturschichten im Boden freizulegen. Seit 10 000 Jahren ist die Flur nachweislich besiedelt. Vor den Bauern der Jungsteinzeit hielten sich am Ort Jäger und Sammler der Mittelsteinzeit auf; von ihnen zeugen Pfeilspitzen aus Silexstein. Der Dolmen war die beste Trouvaille der professionellen Ausgraber. Die schweren Steinplatten, die einst das Kollektivgrab formten, waren zu einem guten Teil noch vorhanden. Drei fehlten und wurden nachgebildet unter Mitwirkung eines örtlichen Steinhauers; er arbeitete digital und erstellte eine 3D-Simulation. Die Deckplatte, die auf den Seitensteinen aufliegt, ist sechs Tonnen schwer. Der Dolmen befindet sich heute nicht exakt dort, wo man ihn vorfand, er wurde um vierzig Meter verschoben.

ps: Fussgänger kombinieren den Besuch am besten mit der Visite des Menhir-Vierecks von Corcelles-près Concise (Seite 47). Vom Viereck führt der Weg über die Autobahnbrücke und dann auf dem Weg nah der Autobahn Richtung Bonvillars; der Dolmen von Praz Berthoud, dessen Grund bei der Erforschung menschliche Reste preisgab – dieses Grossgrab ist heute von stetem Rauschen begleitet. In Bonvillars wartet wieder ein Menhir (Seite 30).

Hexenreigen im Unterengadin
822209 — Pedra Fitta — 189078
(GR)

Die Wiese liegt ein gutes Stück unterhalb von Sent. Mit dem Stein in ihr, der Pedra Fitta, ist die Sage verbunden, dass ihn die Hexen bei ihren Zusammenkünften umtanzten. Wirklich? Trotz des in der Höhe sichtbaren Kirchturmes, dieses mahnenden christlichen Zeigefingers?

Pedra Fitta bedeutet «gemachter Stein», womit wohl gemeint ist, dass er von Menschen aufgestellt wurde. Doch das ist nicht nachgewiesen. Ein ehemaliger Kreisförster aus der Gegend hat so seine Theorien, was die Position des Steins im jahreszeitlichen Sonnenstand und zu den Bergspitzen rundum angeht. Auch fand er laut einem Zeitungsbericht Kräutlein,

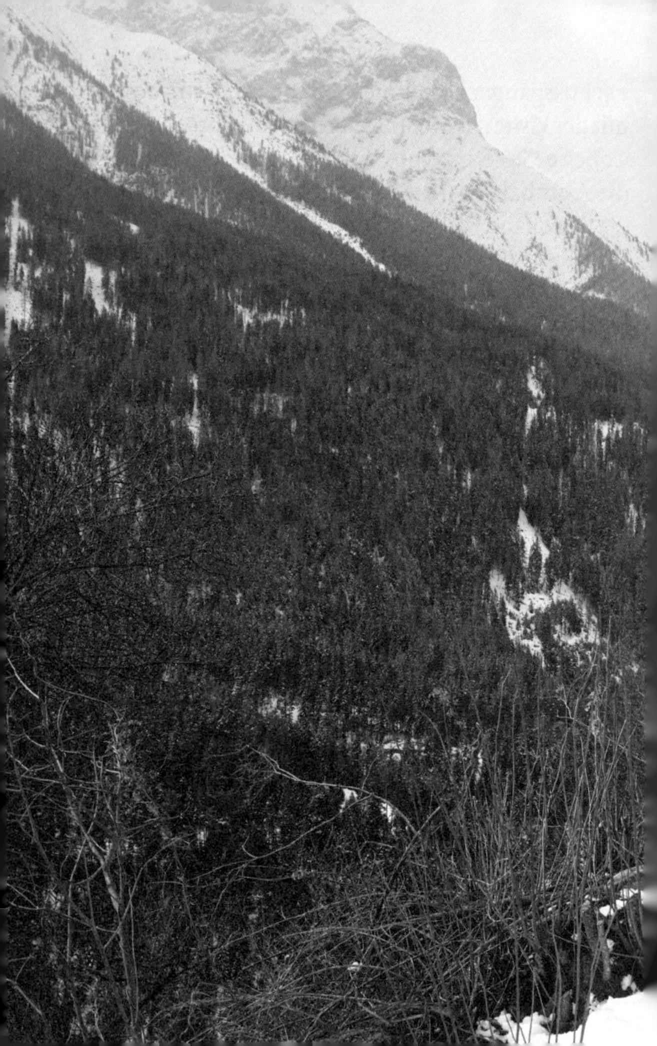

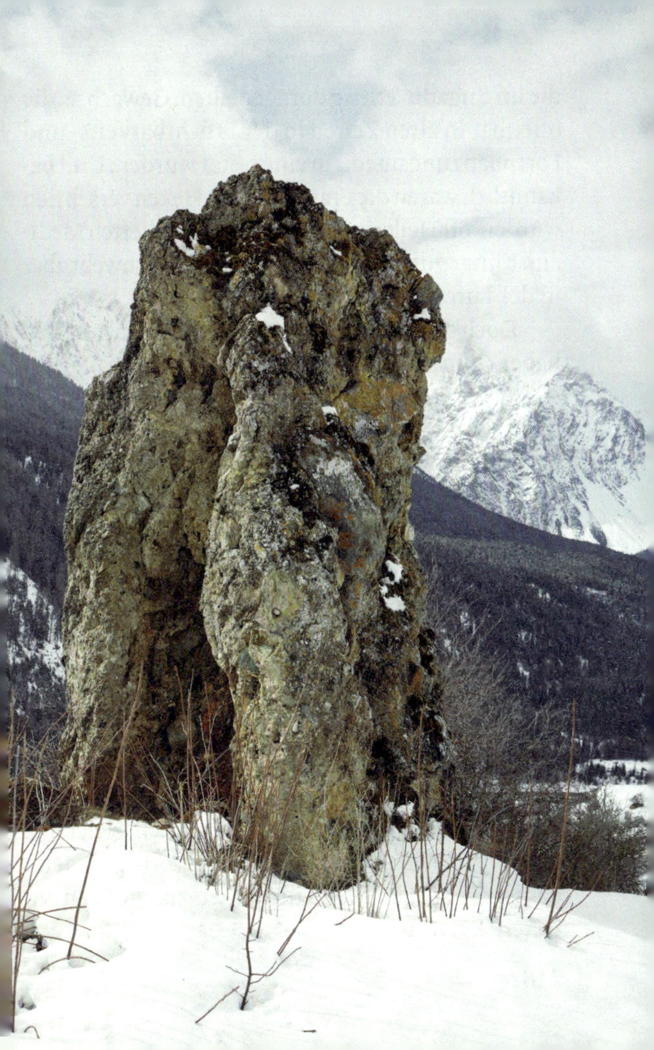

die im Engadin einzig dort gedeihen, Gewächse, die offenbar in alten Zeiten in der Fruchtbarkeits- und Fortpflanzungsmedizin eingesetzt wurden. Und bekanntlich waren die Frauen, die als Hexen verschrien wurden, oft Heilerinnen abseits der etablierten Medizin. Klingt gut, weckt starke Gedanken, schwebt aber in der Luft.

Doch gewiss muss man die Pedra Fitta gesehen haben. Fünf Meter hoch ist sie und besteht aus bröckeligem, nagelfluhartigem Material. Flechten tragen dazu bei, dass sie je nach Blickwinkel und Licht mal braun und mal grau erscheint, mal rötlich getönt und mal gelblich, mal dicklich, mal schmal und mal krumm. Am leichtesten erreichen wir sie ab der Postautohaltestelle «Sent, Tuffera», wir folgen von dort der Strasse ein Stück weit abwärts Richtung Crusch und nehmen nach 500 Metern das Naturstrasschen, das rechts und abwärts abzweigt, mit einem Fahrverbots- und einem Sackgassenschild versehen ist und uns in eine Spitzkehre zwingt. Nach 200 Metern sehen wir linkerhand den Stein in der Wiese; haben wir nicht gerade das Pech, dass das Gras hoch steht und uns den Zugang verwehrt, sind wir gleich bei ihm. Schön, wenn grad Mitternacht vorbei ist, denn das ist die Stunde, wenn die Hexen zum Reigen antreten. Eventuell.

Der untote Antoine
583520 — Quille du Diable — 128697
(VS)

Dieser Eintrag über die Quille du Diable, die auch den christlichen Namen Tour St-Martin trägt, beginnt nicht auf dem hochalpinen Plateau, wo sie steht. Sondern im Talkessel von Derborence. Dort ereignet sich 1714 ein Felssturz. Mehr als ein Dutzend Menschen sterben. Der junge Bauer Antoine ist unter den Opfern. Meinen die Leute der Umgebung und seine Frau, bis Antoine eines Tages daherwankt. Bloss ist er nicht mehr derselbe wie früher, er wirkt eher untot als lebendig. So weit der Romanklassiker *Derborence* des Waadtländer Erzählers Charles-Ferdinand Ramuz. 1749 rutscht der Fels ein zweites Mal. Diesmal staut das Geröll den See von Derborence auf, den wir heute als lieblich empfinden mitsamt dem berühmten Urwald aus Fichten, Föhren, Lärchen, Birken, Weiden.

All das ist verknüpft mit den Diablerets, den Teufelsbergen 1500 Meter höher. Gemäss der Überlieferung ist es der Teufel höchstpersönlich, der dort oben mit seinen Kindern zu gewissen Zeiten Felsbrocken wirft. Eine pervertierte Kegelei ist dies, dem Teufel samt Anhang ist es egal, ob ab und zu ein Brocken über die Kante fällt oder gar eine Steinlawine auslöst, was die unten in Derborence und den benachbarten

Alpböden von Anzeindaz zu spüren bekommen. Die *Quille du Diable,* deutscher Name «Teufelskegel», fungiert bei dem sinistren Tun als Ziel. Als Einzelkegel.

Schön ist er bei alledem, der schwärzliche Zahn von gut 40 Metern Höhe. Und wer nun meint, er müsse sich von Derborence hochquälen, um ihn zu erreichen, der irrt. Wir fahren vom Waadtländer Ferienort Les Diablerets auf den Col du Pillon. Nehmen die Seilbahn. Steigen um auf die Anschluss-Seilbahn und erreichen das Gebiet, das die Touristiker «Glacier 3000» getauft haben. Der Berg, auf dem wir gelandet sind, heisst Sex Rouge, was mit Sex nichts zu tun hat. Sondern mit lateinisch *saxum* gleich Fels. Langeweile riskieren wir hier oben nicht. Allerdings sollten wir auch nicht zu puristisch denken, denn sonst wird uns wind und weh; dies ist ein Ort der Allotria. Es gibt die Hängebrücke «Peak Walk by Tissot», die zu einem Nebengipfelchen führt und den Turnschuhträgern aus dem Flachland ein wohliges Gruselgefühl beschert. Es gibt das Mario-Botta-Panoramarestaurant. Und es gibt die Schienenrodelbahn «Alpine Coaster».

Von ihrem unteren Ende aus begehen wir im Folgenden auf dem Weg zur Quille du Diable den praktisch flachen Tsanfleuron-Gletscher. Das geht mit normalen Bergschuhen und ist gefahrlos, der

Weg ist ausgesteckt und spaltenfrei. Wenn die Sonne scheint, kann das Eis freilich glatt sein, oder es bilden sich Tümpelchen, die uns nasse Füsse bescheren. Reizvoll ist der Sound: Es knackt, als schritten wir über die Kruste einer Crema Catalana. Nach einer knappen Stunde sind wir beim Kegel. Vorsicht Kante! Der Tiefblick nach Derborence ist aber freiwillig. Wenn wir nun Satans Gegenwart zu spüren wähnen, was beklemmend wirken kann, finden wir im Restauräntchen «Refuge l'Espace» Medizin. Die haben grossartige Single Malts.

Er flog 230 Meter weit
683545 — Pulverturmstein — 247175
(ZH)

Zürichs Wahrzeichen ist das Grossmünster mit den Doppeltürmen. Wie es sich für einen mittelalterlichen Bau dieser Grösse, versehen mit einer vertrackten Entstehungsgeschichte, gehört, sind Dinge noch und noch zu entdecken. Zum Beispiel die Krypta mit Fresken, die von den Kirchenpatronen Felix und Regula erzählen. Der Karlsturm, den man über 187 Stufen besteigen kann. Die Statue Karls des Grossen an der Aussenwand, eine Sitzfigur, die den Kaiser bärtig zeigt, mit Krone, das Schwert auf dem Schoss (es handelt sich um eine Kopie, das Original lagert in der Krypta). Der Kreuzgang mit den Gruselfratzen aus Sandstein. Die Fenster von Augusto Giacometti und Sigmar Polke. Die Bronzetüren des Künstlers Otto Münch, von denen die eine Szenen aus der Bibel zeigt und die andere solche aus der Reformation. Die Tafel links vom Haupteingang, die daran erinnert, wie 30 protestantische Pfarrer aus Ungarn im 17. Jahrhundert aus der Galeerensklaverei in Neapel befreit wurden.

Und schliesslich ist da der gerundete Stein an jener Ecke des Grossmünsters, die der Kirchgasse zugewendet ist. Er ist mit seiner rötlichen Farbe ein Fremdkörper. Und er wäre ein Rätsel, wenn nicht eine Tafel informierte, wie er an diese Stelle kam. Er flog. Und zwar am 10. Juni des Jahres 1652 am frühen Abend. An jenem Tag zieht ein Unwetter auf über Zürich. Es gewittert. Plötzlich ein Krachen – der Blitz hat in den Geissturm eingeschlagen. In dem 35 Meter hohen Gemäuer in der Winkelwiese lagert man das Pulver und die Munition der Stadtzünfte für die Kanonen. Solche Lagerorte sind eine permanente Gefahr. Von den Kriegsschiffen früherer Epochen weiss man, dass das Pulvermagazin stets mit einem nassen Filzvorhang geschützt wurde; die Männer, die dort arbeiteten, gingen barfuss, um nicht mit den Absätzen Funken zu schlagen. Im Fall des Geissturms sollen es über 400 Zentner Schwarzpulver gewesen sein, die an jenem Frühsommertag Tod und Verderben bringen. Die Explosion vernichtet den Turm und mit ihm gut 100 Meter der Stadtmauer. Es hagelt Mauerbrocken, einige werden über den See nach Wollishofen geschleudert. Sieben Menschen sterben. Handkehrum sind wundersame Rettungen bezeugt, so bleibt ein Kindlein verschont, derweil seine Wiege zertrümmert wird. Der Stein an der Grossmünsterecke, über 1800 Kilo schwer, hat bis zu diesem Ort gut 230 Meter zurückgelegt.

Tatarinoffs Trouvaille
620960 — Ravellenfluh-Schalenstein — 238240
(SO)

Hm, wo ist er denn nun? Wir gehen in Oensingen auf dem schmalen Waldweg, der südöstlich an und unter den Felsen der Ravellenfluh hinauf nach Schloss Neu Bechburg führt, in dem ein untoter Raubritter namens Kuoni herumspuken soll – wir gehen auf diesem Waldweg mit Kalkbrocken links und rechts womöglich am Schalenstein vorbei, ohne ihn zu bemerken. Er ist unauffällig. Auch wenn er eine Preziose ist, ein echter Schalenstein, was heissen will: Die Schalen mit im Schnitt drei Zentimetern Durchmesser und drei Zentimetern Tiefe sind menschengemacht.

Auch zu diesem Stein ist freilich zu sagen: Die Archäologen wissen nicht, wer die Eintiefungen wann und zu welchem Zweck vorgenommen hat. Haltlos, sie als «Altarstein der Kelten» zu bezeichnen, wie das im Solothurner Wanderbuch *Dort oben die Freiheit* (ROTPUNKTVERLAG, 2008) geschieht. Die Geologen teilen mit, dass es sich um einen Findling aus Serizit-Albit-Gneis handelt.

Zwei Attribute des Steins sind neuzeitlich. Das eine ist ein unscheinbares braunschwärzliches Schild, das vermerkt: «Schalenstein unter staatl. Schutz.» Von 1939 datiert der Beschluss des Regierungsrates. Neun Jahre zuvor entdeckte Eugen Tatarinoff, Archäologe, Historiker, Burgenforscher, den Schalenstein; Tatarinoffs Vater, übrigens, war Oberst in der Armee des russischen Zaren gewesen. Das andere Attribut ist ein Loch. Ein Bohrloch offenbar. Als man den Fussweg anlegte, sprengte man die störend in ihn ragende Hälfte des Steins weg. Was geblieben ist, der Brocken von gut 70 Zentimetern Höhe bei einem Grundriss von einem auf zwei Meter, kann Leute mit einem Sensorium für Rätsel der Vorzeit immer noch faszinieren. Rinnen kreuzen die Oberfläche und verbinden zum Teil die Schalen.

Allerdings erschwert die üppige Vermoosung den Versuch, die Rinnen zu erkennen und ein Muster auszumachen. Im Steininventar ssdi.ch zeigt ein Foto den Ravellenfluh-Stein in gesäubertem Zustand. Die Rinnen bilden ein Netz, das an eine Wegkarte erinnert. Ist dies der Schlüssel, geht es hier um Geografie? Eine Frage mehr aus dem Wald unter der Neu Bechburg. Ein letzter Tipp für die, die den Schalenstein aufsuchen wollen, ohne die Koordinaten zu verwenden: Er liegt, wenn man aufwärts geht, auf der linken Wegseite.

Die freundeidgenössische Kuppe
683812 — Milchsuppenstein — 230663
(ZH)

Ein Waldrand, Steinbänke, eine Grillstelle und dazu eine grandiose Aussicht auf den Zugersee und die Alpen. Aus touristischer Sicht ist es optimal, dass man als Ort der Erinnerung an die freundeidgenössische Verspeisung der Kappeler Milchsuppe diese Kuppe wählte, über die die Grenze zwischen den Kantonen Zürich und Zug verläuft. Von Ebertswil erreichen wir den Punkt in 20 Minuten zu Fuss. Allerdings wurde die Milchsuppe wohl kaum exakt hier gegessen. Wenn sie überhaupt gegessen wurde. Das Jahr war 1529. Ulrich Zwingli, Pionier der Reformation in der Eidgenossenschaft, wollte von Zürich aus den neuen Glauben verbreiten und machte Druck, die

Stimmung zwischen den Konfessionen war angespannt, gereizt, explosiv. Als die Katholiken in Schwyz den reformierten Pfarrer Jakob Kaiser verbrannten, marschierten die Zürcher und die Berner, die reformierten Hauptkräfte, gegen die katholischen Fünf Orte der Innerschweiz. In der Gegend von Kappel, im Grenzland der beiden Bekenntnisse, nicht einmal zwei Kilometer vom Standort des heutigen Steins entfernt, begegnete man sich. Diplomatie verhinderte, dass der Erste Kappelerkrieg in einem Gemetzel endete. Zwischen den Kriegern soll es zu Verbrüderungen gekommen sein, wobei beide Parteien aus einem Kessel gemeinsam eine Suppe aus Milch und Brot löffelten.

Das schöne Bild diente später als Gleichnis der typisch schweizerischen Fähigkeit, innere Konflikte friedlich zu lösen. Leider passt es just auf diesen Konflikt nicht wirklich. 1531 kam es zum Zweiten Kappelerkrieg, den die Katholiken in blutigen Waffengängen gewannen. Ulrich Zwingli liess in der Schlacht bei Kappel sein Leben. Zwinglis Nachfolger Heinrich Bullinger schrieb – nicht als Erster – die Episode mit der Milchsuppe nieder: «und aassend die Milch mitt einanderen.» Freilich, Bullinger war nicht dabei gewesen. Die Quellenlage ist grundsätzlich trüb. Es bleibt offen, ob das Freundesmahl je stattfand.

Doch bekanntlich folgt das kollektive Gedenken seinen eigenen Gesetzen. 1931 legte man im Rahmen der 400-Jahr-Feier der Schlacht bei Kappel auf besagter Kuppe eine kleine Erinnerungsanlage an, den Mittelpunkt bildete ein alter Marchstein. In seinem Buch *Milchsuppe oder Blutbad?* schreibt der junge Zuger Historiker Jonas Briner: «Bis anhin bloss in den Köpfen der geschichtsbewussten Schweizer, erhielt die Legende der Kappeler Milchsuppe (...) ihren geografisch exakt lokalisierbaren Platz. Die Erweiterung des Mythos um diese räumliche Dimension verstärkte den Anschein von Historizität. Vergangenes Geschehen ereignete sich immer an einem konkreten Ort. Nun auch die Kappeler Milchsuppe.» 1980 musste der Marchstein dem heutigen Stein weichen. Der Baarer Grafiker und Maler Eugen Hotz hat ihn geschaffen, er trägt die Inschrift «Kappeler Milchsuppe 1529» und auf entgegengesetzten Seiten das Zürcher und das Zuger Wappen.

Essen: Jetzt möchte man natürlich gern wissen, wie die Milchsuppe schmeckt. Und wie man sie zubereitet. Hier ein traditionelles Rezept.

Zutaten: 2 l Vollmilch, 1 kg Altbrot, 750 g vollfetter Tilsiter, 2 grosse Zwiebeln, Knoblauch, Kümmelsamen, 2 dl Bouillon, Schnittlauch, Petersilie, Butter, Lorbeerblätter und Gewürznelke.

Zubereitung: Man brate Zwiebeln und Knoblauch in der Butter an, lösche mit Bouillon ab, gebe den Lorbeer bei. — Nun lege man das gestückelte Brot und Gewürze ein und koche alles auf. — Dann schütte man die Milch zu, salze und pfeffere. — Am Schluss ziehe man den gescheibelten Käse sowie Schnittlauch und Petersilie darunter.

Wer entziffert die Inschrift?
722700 — **Grauer Stein** — 280150
(TG)

Wir finden Ermatingens Grauen Stein leicht und schnell. Vom Bahnhof nehmen wir den Wanderweg den Hang hinauf Richtung Schloss Hubberg bei Oberfruthwilen. Noch im Wald, kommen wir zu einem Schild, das den Stein anzeigt, und zweigen ab nach rechts. Und dann gleich dieser total vermooste Klotz, der aus dem Waldboden auftaucht wie eine verwirrte Kreatur des Meeresgrundes. Das mit der Verwirrtheit lässt sich erklären: Der Stein wurde ohne eigenes Dazutun vom Rorschacherberg per Gletscher hierhin verfrachtet, es war eiszeitliches Kidnapping.

Dies sei, heisst es, der grösste Findling im Kanton Thurgau. Freilich erging es ihm wie vielen anderen Findlingen; man nutzte ihn als Baustofflieferanten, sodass er an Volumen eingebüsst hat – wie viel, wissen wir nicht. Von der einen Seite können wir den Stein mühelos erklettern. Ein verwittertes Schild ist an ihm angebracht, wer mit Kindern unterwegs ist, kann mit ihnen «Wer entziffert die Inschrift?» spielen. Hier die Auflösung:

«Zur Eiszeit war's, als auf des Gletschers Rück
Ich glitt hierher und glaubte das Glück
einer ewigwährenden Ruhe zu finden.
Das Gletschereis sah ich unter mir schwinden.
Doch menschlicher Unverstand u. kleinlicher Neid
Im 19ten Jahrhundert mir brachten viel Leid;
Denn mit wuchtigen Schlägen und Pulverkraft
Ward Stück um Stück mir vom Leib gerafft
Dem Häuser- und Strassenbau war'n sie geweiht
Nur ein Stück bin ich noch aus der Gletscherzeit.»

Okay, wir nehmen die Klage zur Kenntnis. Den Grauen Stein führen wir uns zum Beispiel auf folgender Zweieinhalb-Stunden-Runde zu: Ermatingen, Bahnhof – Grauer Stein – Schloss Hubberg – Oberfruthwilen – Obersalenstein – Schloss Arenenberg – Seeuferweg – Ermatingen, Schiffländi – Ermatingen, Bahnhof. Schloss Arenenberg verlangt dabei einen längeren Aufenthalt: Hier verbrachte Prinz Louis Napoleon, später als Napoleon III. Kaiser Frankreichs, seine Kindheit; er war jener französische Kaiser, der

Thurgauer Dialekt sprach. Heute ist das Schloss ein Museum. Im Park finden sich die allerherrlichsten Blumenrabatten, aber auch ein Wasserspiel, eine Grotte, ein Eiskeller und die liebenswerte Steiltreppe «Himmelsleiter». Dazu kommen eine Kapelle sowie Terrassen, von denen wir postkartenartig den Untersee im Blick haben. So schön ist das, dass wir glatt den Grauen Stein vergessen könnten. Unsere verschleppte Hoheit im Wald.

Die satanischen Verse
717833 — **Sasso del Diavolo** — 102487
(TI)

Der Sasso del Diavolo liegt zwischen den Dörfern Sala Capriasca und Tesserete am Rand einer Sportanlage mit einem riesigen Schwimmbecken; er ist in der Landeskarte eingezeichnet. Unter den vielen Schalensteinen im und um das Capriascatal ist er besonders stattlich; durch seine Grösse und sein Charisma hat er sich einen Namen und eine Sage zugezogen. Drei Meter hoch ist er bei viereinhalb Metern Länge und vier Metern Breite; 50 runde Schälchen überziehen ihn, die von Menschen eingeschliffen, eingehauen, eingehämmert wurden. Auch ziehen sich Rinnen über die Oberfläche. Sie sind nicht leicht erkennbar; Rekonstruktionen erinnern an die mysteriösen

Scharrbilder in der Wüste bei Nazca in Peru. Im Fall des Sasso del Diavolo denkt man an Männchen beim Tanzen. Um einen Findling aus grobkörnigem Pyroxenfels handelt es sich. Er weist Spuren des Abbaus auf, brach durch Spaltversuche mehrfach auseinander, hat oben zwei Bohrlöcher, die von der Gewalt zeugen. Den Teufel, nach dem der Stein benannt ist, hat das sicher irritiert. Nein, wütend gemacht. Womit wir beim Geheimnis des Steins sind, dessen Aura einst wohl viel grösser war, als die Dörfer klein waren. Damals lag er im Abseits, im Unheimlichen. Der Teufel habe unter ihm einen Goldschatz versteckt, sagten die Einheimischen. Freilich wussten sie auch, dass ihre Kraft allein nicht reichen würde, den Stein anzuheben und so an den Schatz zu kommen. Wenn zwei Leute zusammen erschienen, würde er den Stein beiseiterücken, hatte der Teufel durchgegeben. Diese Leute müssten sich bei Vollmond pünktlich um Mitternacht vor dem Stein aufstellen. Satanische Verse rezitieren müssten sie und nach jedem Vers ein Kleidungsstück ablegen bis zur totalen Nacktheit.

Zwei Männer nahmen die Herausforderung an, der eine hiess Arturo Torrazza und der andere Alfredo Antonini. Es waren die mutigsten Männer von Tesserete. Bei Vollmond trafen sie zur verlangten Nachtstunde beim Stein ein. Der Wind machte seltsame

Geräusche, die sich mit den Rufen der Käuzchen mischten. Die Männer begannen mit dem Versritual. Während sie Kleidungsstück um Kleidungsstück auszogen, begann die Erde zu zittern. Immer stärker zu zittern. Bis die Männer in Panik gerieten. Sie rannten zurück ins Dorf, kamen in den Unterhosen an, wurden zum Gespött der anderen Dörfler. Und so liegt der Schatz des Teufels noch immer unter dem Stein. Vielleicht ist es besser so, denn wer weiss, bis zu welcher Intensität sich das Beben gesteigert hätte.
Googeln: «Sentiero raccontato» führt zum Erlebnisweg dieses Namens. Er startet in Origlio und führt in circa vier Stunden zu acht Sehenswürdigkeiten. Darunter sind Fresken, ein Turm im Wald, ein See, ein Kloster, aber auch der *Sass dal Diavul,* wie unser Stein im Dialekt heisst.

Die Kantonsarchäologie hilft
714172 — Menhir von Neuhaus — 233763
(SG)

Was für eine Konfusion! Im Inventar ssdi.ch ist für Neuhaus, ein Dorf der St. Galler Gemeinde Eschenbach, ein «vermuteter Menhir» aufgelistet. Die Koordinaten führen in Neuhaus zum Hang Chastel, dort sollte der Menhir im Wieshang stehen. Man fährt hin und steigt aus dem Postauto und hat den Hang sofort vor sich. Oh weh! Er ist mittlerweile überbaut, die Häuser sind ziemlich neu, auf der Karte sind sie noch nicht eingezeichnet. Und wo ist jetzt der Stein? Nirgends. Dass das Gelände nun in bewohnte Privatgrundstücke parzelliert ist, macht die Suche nicht einfacher. Auch ist der Stein laut Inventar nur einen Meter fünfzig hoch.

Bereits will man aufgeben. Dann findet man, man könnte doch – ein Akt der Verzweiflung – das Chastelgelände zu Fuss umrunden und von oben noch einmal schauen. Siehe da! Am oberen Rand des neuen Wohnviertels gibt es einen Spielplatz. Dort steht ein ... Menhir. Oder doch ein Stein. Er ist wahnsinnig schön, sieht aus dem einen Winkel gedrungen aus wie ein Osterei. Aus dem anderen wirkt er schlanker. Menhirartig eben. Die Oberfläche ist glatt, wie poliert, und gibt gleichzeitig einen enormen inneren Reichtum an grossen und kleinen Kieseln preis in weiss, hellblau, braun und rot, die durch sandartige Ware verbunden und verklebt wurden. Das erinnert an Nagelfluh. Was nun, wie die verschiedenen Dinge zusammenbringen, den kleinen Stein, den es nicht gibt, und den grossen Stein, den es gibt – und der sicher drei Meter hoch ist?

Gott sei Dank gibt es freundliche Fachleute. Regula Steinhauser-Zimmermann von der St. Galler

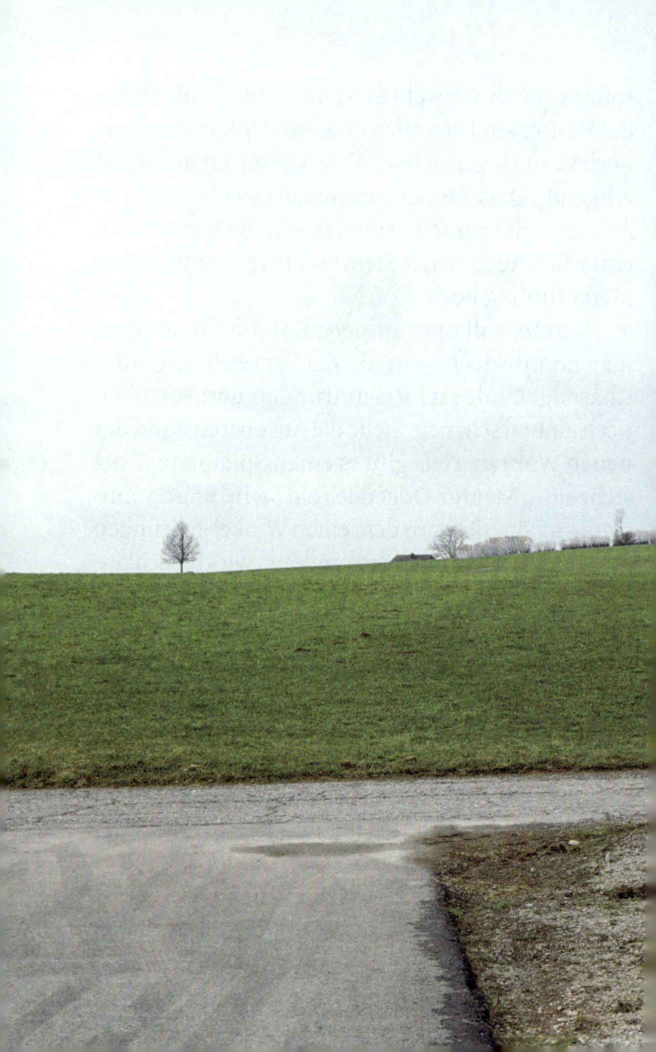

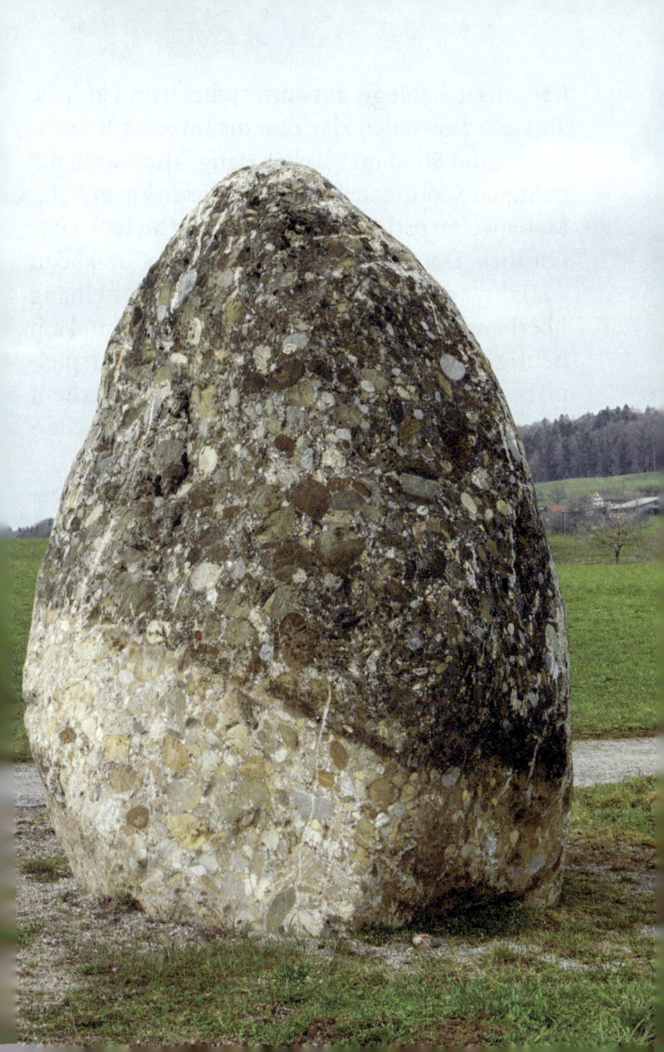

Kantonsarchäologie antwortet schnell und konzis. Sie stellt zum einen klar, dass die Inventar-Koordinaten zum Stein im Chastel-Hang falsch sind; die richtigen Koordinaten platzieren diesen knapp zehn Meter weiter östlich und gut zwanzig Meter weiter nördlich. Dort entdeckte man ihn beim Kiesabbau vor Jahrzehnten. Und dann wurde der Chastelhang überbaut und der Stein 2015 weggeschafft und am heutigen Standort weiter oben beim Kinderspielplatz neu aufgestellt. Dort steht er seither und erfreut die Kinder und ihre Eltern, die Anwohner, Spaziergänger, Wanderer, Jogger.

Dass der Stein doppelt so hoch ist wie im Inventar beschrieben, auch das ist erklärbar. Er weist eine auffällige horizontale Linie rundherum auf, darunter ist er hell, darüber dunkel. Die Linie markiert, bis in welche Höhe der Stein im Boden steckte, bevor man ihn ans Licht holte und zügelte. Aus Sedimentgestein besteht er und ist kein wirklicher Menhir, den Menschen in der Prähistorie montierten. Der Menhir von Neuhaus ist der «Menhir» von Neuhaus. Aber lassen wir ihm den Titel. Gemessen an seiner Majestät hat er ihn verdient.

Wandern: Von der Postautohaltestelle «Neuhaus, Ochsen» brauchen wir zehn Minuten bis zum Standort. Dann gehen wir nach Osten zum Wanderweg, steigen ab zum Goldingerbach, überqueren ihn, steigen auf der anderen Seite wieder auf, überqueren den Bach weiter nördlich auf einem abenteuerlichen Pfad gleich wieder, kommen nach Ennetbach und langen nach anderthalb Stunden Gehzeit im Dorf Goldingen an – eine tolle Kurzstrecke ist das.

Das Schiff muss man nehmen
688109 — **Schillerstein** — 204189
(UR)

Wo unterhalb von Seelisberg der Vierwaldstättersee um die Ecke biegt und sich in den Urnersee verwandelt, also zwischen Treib und Rütli, sammeln sich eines Oktobertages im Jahre 1860 Dampfschiffe und festlich bekränzte Nauen. Das Denkmal Schillerstein wird eingeweiht. Zuvor hat der Stein, ein gut 20 Meter hoch aus dem See ragender natürlicher Felspfeiler, «Mytenstein» oder «Mitenstein» geheissen. Als solcher wird er im Weissen Buch von Sarnen erwähnt, das im 15. Jahrhundert den Stoff vom Freiheitshelden Tell aufbringt, dessen Geschichte später Friedrich Schiller in seinem Drama *Wilhelm Tell* erzählt.

1838 muss der Stein ein erstes Mal von Menschenhand Gewalt erdulden. Man kürzt ihn um ein Drittel, weil den vorbeifahrenden Dampfschiffen von ihm Steinschlag drohte. Das zweite Mal behaut man ihn zwei Jahrzehnte später und bringt ihn so noch mehr in die Form eines Obelisken, um ihn für die neue Rolle als Gedenkstein für Friedrich Schiller zu dessen 100. Geburtstag tauglich zu machen. Seither prangt auf dem Stein in vergoldeten Lettern die Widmung: «Dem Saenger Tells F. Schiller Die Urkantone 1859». Ein zweiter, auf zwei Meter Höhe verkleinerter Schillerstein findet sich in Weimar, wo Schiller in seinen letzten Lebensjahren wirkte – ein Geschenk der Innerschweiz.

Den Schillerstein im Urnerland geniessen Jahr für Jahr unzählige Menschen. Die meisten aus einiger Distanz. Der Stein steht zwar sehr ufernah im Wasser, ist von Land aber nicht zugänglich, das Gelände ist steil und dicht bewaldet. Nur per Boot erreicht man ihn. Oder man nimmt das Kursschiff und passiert ihn in mittlerem Abstand. Um den Stein wird gerne getaucht. Richtung Norden, zur Treib, fällt unter Wasser eine überhängende Wand ab, von der Taucher schwärmen. Doch warnen sie auch, die Wand sei nicht zu unterschätzen. Ins Endlose ziehe sie sich. Ein Kuriosum aus dem Jahr 1986: Eines Tages steht ein Klavier auf dem Obelisken. Auf dem Notenhalter ist das Blatt zur Melodie *The Entertainer* von Scott Joplin parat. Die Kletterer, die das Klavier in waghalsiger Kletterei hinaufgeschafft haben und anonym bleiben, verdienen sich folgenden Kommentar vom Chef des Urner Hochbauamts: «eine Bravourleistung!». Trotzdem wird das Klavier damals umgehend wieder entfernt. Per Helikopter.

Kirchenglocken stoppen Satan
603629 — Teufelsburdi — 193152
(BE)

Die Teufelsburdi über Belp – eine schiefe Pyramide, ein Pfeil, ein Zacken – ist von Büschen und Bäumen umstanden. Auf einem alten Foto steht sie deutlich freier, der Blick ist weniger durch Blattwerk verstellt. Was hilft: In der kalten, kargen, kahlen Jahreszeit hingehen. Dann ist die Teufelsburdi besser begreifbar in ihrer grandiosen Mittelstellung auf dem Plateau von Winzenried. 200 Meter tiefer strömen im Osten Gürbe und Aare, 200 Meter höher kulminieren im Westen Lisiberg und Ulmizberg. Auch «Teufelsstein» kursiert als Name. Die Geschichte hinter beiden Varianten fasst wie an anderen Orten (Seite 239) das Drama des finsteren Engels, des Rebellen, der wider Gott aufbegehrt hat, verstossen wird und nun auf Rache sinnt. In diesem Fall soll der Teufel den Stein gepackt haben, um ihn Richtung Belp hinab ins Rollen zu bringen oder zu schleudern. Richtung Kirche. Deren Glocken und ihr Läuten soll aber die verbrecherische Vorbereitungshandlung gestoppt, sie quasi durch sakralen Sound blockiert haben. Der Teufel liess den Stein liegen und verzog sich.

Die Teufelsburdi, auf der Karte eingetragen, gut vier Meter hoch, von einem Bänkli und einer Feuerstelle flankiert, ist zu Fuss in dreiviertel Stunden vom Bahnhof Belp aus erreichbar. Wir steigen durch den Wald hinauf nach Winzenried und nehmen den breiten Weg die Geländekante entlang nach Englisberg. Der Stein, vom Gletscher herangetragen und seit 1951 geschützt, mutet mächtig an, bloss die erwähnte Umwucherung und Verkrautung stört beim Anschauen. Der Buchautor Pier Hänni, der über Kraftorte in der ganzen Schweiz schreibt, empfiehlt in einem Gespräch mit der BERNER ZEITUNG, im Angesicht der Teufelsburdi ganz locker zu stehen, die Arme hängen zu lassen und zu spüren, wie die Fingerspitzen ziehen oder kribbeln. «Die einen spüren mehr, die andern weniger», sagt er. Da hat er sicher recht. Eventuell wird man bei der spirituellen Übung auch gestört. Die Teufelsburdi ist bei Leuten beliebt, die bouldern. Eine Boulderin schreibt im Internet, dass der Stein leider einzeln stehe, andere Steine gebe es nicht, das beschränke die Möglichkeiten. Immerhin: «Ein einzelner Nachmittag mit Bouldernovizen oder mit Kids im Gepäck kann hier schön verbracht werden.

Wandern: Von Belp via Winzenried zum Stein wie erwähnt. Weiter via Englisberg, Kühlewil, Oberulmiz auf den Ulmizberg (Turm mit Aussichtsplattform) und hinab nach Schliern. Gehzeit dreieinhalb Stunden.

Burg des Bösen
572211 — Teufelsburdi — 209357
(BE)

Der bewaldete Rücken des Jolimont, einer dem Jura vorgelagerten Erhebung unweit von Ins, birgt eine Frage: Wer bewacht hier wen? Während wir uns der Teufelsburdi, unserem Ziel, nähern, erblicken wir zwischen den Bäumen, noch aus einiger Distanz, kubische Gebilde. Wir denken: Die Natur kann alles, sogar Geometrie. Gleich erweist sich die Idee als Irrtum. Es sind vermooste Weltkriegsbunker, die sich unserem Auge aufdrängten. Sie umstehen die ebenfalls total grüne Teufelsburdi, als wollten sie diese gegen Angreifer sichern; freilich dienten die Bunker der Überwachung und Kontrolle der Ebenen um die drei Seen. Und ohnehin ist die Teufelsburdi zu mächtig, als dass die Menschenklötze ihre Wächter sein könnten. Von den Dimensionen her ist es umgekehrt.

Jeder der drei Hauptblöcke der Teufelsburdi – Granit aus dem Val de Bagnes – ist anders. Den kleins-

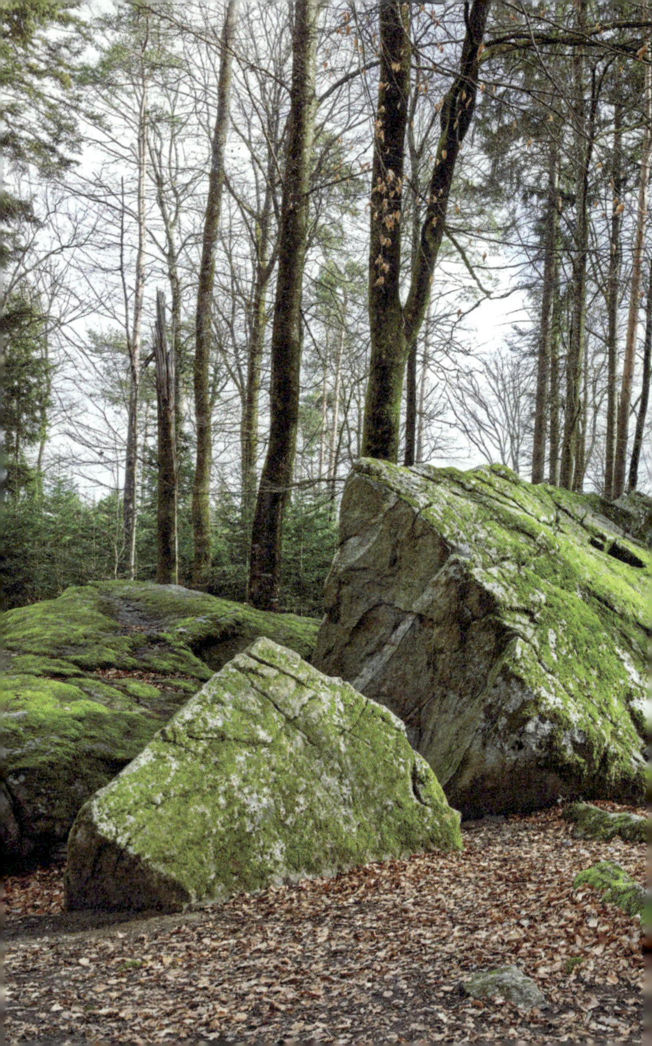

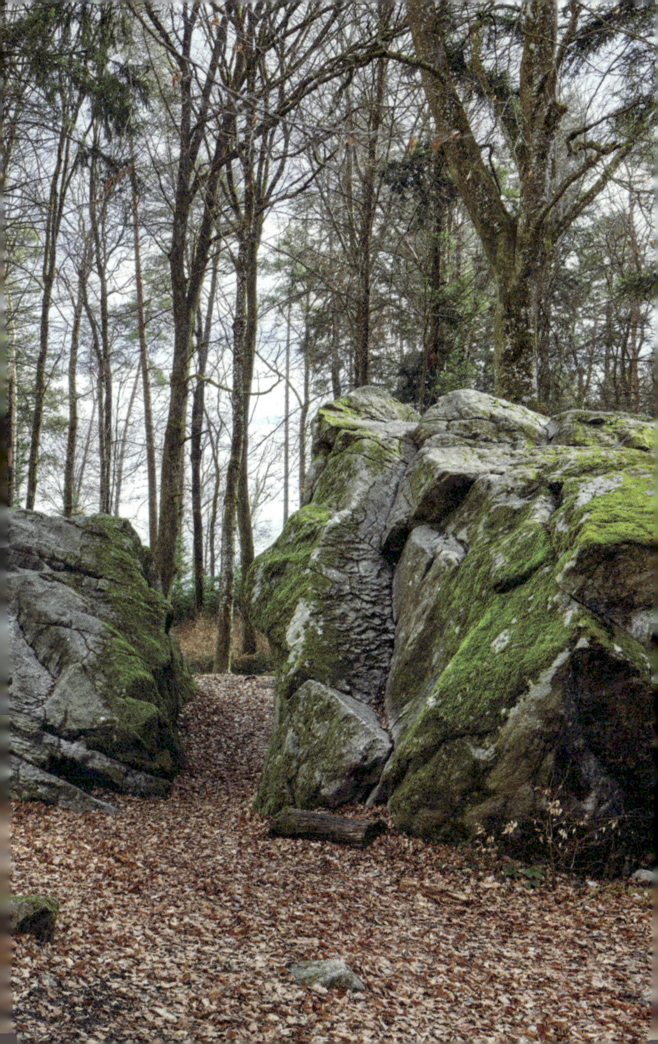

ten kann man ohne Probleme betreten und begehen, er ist zur einen Seite hin als Rampe ausgeformt. Will man auf den grossen, muss man hingegen Hand anlegen – Vorsicht! Der mittelgrosse belegt, dass das mit der Natur und der Geometrie vielleicht doch etwas hat. Die eine Flanke bildet eine ebenmässige Wand von der Länge einer kleinen Turnhalle; sie wirkt wie von einem Maurer der Vorzeit geglättet. Ein Schweizerkreuz ist eingraviert samt dem Vermerk: «Findling – Naturdenkmal – Teufelsburde – 1872». Okay, die Schreibweise unserer Findlingsgruppe variiert. 1872 bezeichnet das Jahr, in dem sie unter Schutz gestellt wurde. Abbau zwecks Gewinnung von Baumaterial wie anderswo gab es hier nicht.

Was den Teufel angeht, so hat er wohl kein leichtes Leben. Auch anderswo im Land gibt es Steine, die als seine Bürde bezeichnet werden, im Eintrag Seite 237 war die Rede von Belp. Es scheint, als sei der arme Kerl permanent damit beschäftigt, riesige Steine durch die Gegend zu schleppen, die ihm irgendwann doch zu schwer werden, worauf er sie halt abwirft. Die Theorie kursiert, dass der Teufel, wo immer er solche Steine mit sich trägt, eine Kirche zertrümmern will, was der Herrgott aber mit einem Gewitter verhindert, wenn nicht schon ein Mensch mit dem Kreuzzeichen den Plan vereitelt hat oder geweihte

Glocken es tun. Im Fall des Jolimont könnte es auch sein, dass der Teufel sich eine Festung bauen wollte. Darauf verweist der alternative Name «Teufelsburg». **Wandern:** Von Gampelen erreichen wir die Teufelsburdi in etwas mehr als einer Stunde. Weniger als eine Stunde dauert hernach die Fortsetzung hinab nach Erlach. Schloss Erlach von oben und dahinter die Petersinsel, die via eine schmale Landzunge, eine Art Nabelschnur, zugänglich ist – dieser Anblick ist in seiner Pracht unwirklich. Dem Teufel aber gefällt es weiter oben im Schummerwald des Jolimont besser. Zu dessen Ruf als Kultstätte tragen die Schalensteine bei, die im Forst verstreut sind.

Roms Balkankaiser
495300 — Thrax-Säule — 123415
(F)

Dass in diesem schweizzentrierten Buch ein Stein aus Frankreich auftaucht, ist begründbar. Das Dorf Prévessin unweit von Genf, Standort von Anlagen der Nuklearforschungseinrichtung CERN, liegt gleich jenseits der Grenze. Vor allem aber wurde die Thrax-Säule, wie wir sie hier nennen, im Mittelalter aus der Gegend von Céligny weggeführt; Céligny gehört zur Schweiz. Es war Baumaterialklau. Gleich erging es der Elagabal-Säule: Abtransport aus Céligny und

Wiederverwendung in Prévessin. Dort tragen die beiden fetten Säulen aus Kalk das Vordach der Kirche, der Eglise de l'Assomption, deren Vorgeschichte zurück in die Merowingerzeit reicht. Gehen wir auf die Kirchentür zu, haben wir links Elagabal und rechts Thrax. Auf beiden Säulen sind Inschriften auszumachen, die verraten, was die Säulen einst waren: Meilensteine!

Der typische römische Meilenstein hatte einen quadratischen Sockel, war in der Erde versenkt und bis drei Meter hoch. Ein Herrschaftszeichen war er, das den römischen Staat verkörperte, in den Provinzen war der Boden der Reichsstrassen Staatsbesitz, daher die offizielle kaiserliche Titulatur auf der Inschrift. Im Fall von Prévessin finden Inschriftenspezialisten die Säule des Thrax, samt Sockel 182 Zentimeter hoch, etwas bedeutender als die des Elagabal – daher spielt sie auch in diesem Eintrag die Hauptrolle. Caius Iulius Verus Maximinus Augustus lautet der Name des Kaisers, das Beiwort «Thrax» verweist auf seine vermutete Herkunft aus Thrakien, also vom Balkan.

Maximinus Thrax war nur drei Jahre an der Macht, von 235 bis 238 nach Christus, und gilt als Soldatenkaiser, der sich also aus dem Herr aufgeschwungen hatte. In seiner kurzen Regierungszeit widmete er sich insbesondere dem Strassenbau und hinterliess zahlreiche Meilensteine. Nachdem er gestürzt und getötet worden war, von seinen Soldaten notabene, ächtete ihn der Senat, mit dem er sich angelegt hatte. Thrax' Name wurde vielerorts mit dem Meissel wieder getilgt. In Prévessin ist er erhalten geblieben, daher findet die Säule besondere Beachtung. Die Inschrift, die auch den Sohn des Thrax erwähnt, besagt: «Der Kaiser Caius Iulius Maximinus, der glückliche, fromme Augustus, und Caius Iulius Maximus, der hochedle Caesar, haben die vor Alter verfallenen Brücken und Strassen wiederhergestellt.» Es folgt eine Meilenangabe.

PS: Zur Kirche Prévessin schaffen wir es zu Fuss von der Schweizer Tramhaltestelle «Meyrin Gravière» in 40 Minuten. Wir können aber auch den Bus nehmen. Ab «Meyrin Gravière» fährt er nach «Prévessin-Moëns, Mairie», die Kirche sehen wir dort gleich bei der Haltestelle. Pass oder Identitätskarte mitnehmen!

Abschiebung nach Deutschland
684600 — **Schwarzer Stein** — 295933
(SH)

Vier Dinge prägen das abgelegene Grenzdorf Bargen. Erstens: Der Durchgangsverkehr von Deutschland in die Schweiz und umgekehrt mit brüllenden Lastwagen. Zweitens: *Das Bargemer-Lied,* das der Liedermacher Dieter Wiesmann 1984 zum 1100. Geburtstag des Dorfes vortrug; «*Paar Hüser, paar Gärte, chli Wald und chli Land, es chlises Dorf am Rand*», heisst es im Lied. Drittens: Die Orchideen. Über 20 Arten gedeihen im Naturschutzgebiet Tannbüel. Viertens zu nennen ist der Schwarze Stein oder *Schwarze Staa* oder Gatterstein oder Stein Nr. 593. Den nördlichsten Punkt der Schweiz zeigt er an.

Die Touristiker schlagen vor, ihn im Rahmen einer vierstündigen Rundwanderung zu besuchen. Die Tour ist grossartig, weil sie durch einsames Gelände führt. Hier die Stationen: Bargen, Dorf (Bus) – Chiibacker – Wachbuck – Neuhaus – Schwarzer Stein – Klausenhof (Randenhof) – Hohhengscht – Mülital – Bargen, Dorf. Ausweis nicht vergessen, die Wanderung verläuft streckenweise auf deutschem Gebiet! Nun zum Schwarzen Stein. Grau ist er und 70 Zentimeter hoch ab Boden. Oben ist auf der kleinen quadratischen Fläche der exakte Grenzverlauf an dieser Stelle eingraviert, die Linie vollzieht einen scharfen Knick. Eine Jahreszahl findet sich auch: 1839, damals wurde die Staatsgrenze genau festgelegt. Und schliesslich gibt es ein Sammelsurium von Abkürzungen auszudeutschen: CS=Canton Schaffhausen, GB=Grossherzogtum Baden, N=Nordhalden, B=Bargen, E=Epfenhofen.

Die Infotafel vor Ort erzählt dies: Der Name des Schwarzen Steins weist darauf hin, dass an dieser Stelle Verbannte von Schaffhausen ausgewiesen wurden; dürfen wir daraus schliessen, dass «Schwarz» nicht auf die konkrete Farbe abzielt, sondern auf das dunkle Geschick der Abgeschobenen? Vermutlich, die Tafel lässt es offen. Beim Picknick am Tisch mit der Grillstelle können wir darüber ebenso reden wie über die Tatsache, dass ein anderer Schwarzer Stein wesentlich berühmter ist und es bleiben wird: derjenige von Mekka, Al-Hadschar al-Aswad, der in die Wand des Heiligtums Kaaba eingelassen ist. Es wird vermutet, dass es sich um einen Meteoriten handelt. Unser Grenzstein ist nur aus Kalk. Dafür herrscht um ihn herrliche Ruhe.

Luxus am Gotthard
688324 — Teufelsstein — 169570
(UR)

Der Göschener Teufelsstein, 13 Meter hoch, 2000 Tonnen schwer, auf dem Teufelssteinmätteli gelegen, war die längste Zeit ein Repräsentant der Ewigkeit. Die Urner dachten, er würde immer da sein und bleiben als Mittelpunkt einer Sage, in der sie sich selber erkennen könnten als Pioniere des Verkehrswesens. Und als gewitzten Schlag. Die Schöllenenschlucht war im Mittelalter vorerst schlicht undurchquerbar, insbesondere fehlte eine Brücke. Schliesslich – wir kennen den Stoff aus der Schule – kamen die Urner auf die Idee, den Teufel als Baumeister anzuheuern. Der machte mit unter der Bedingung, dass man ihm die erste Seele überlasse, die die Brücke benützen würde. Der sinistre Handel kam zustande, der Teufel baute, doch als er sich zur Einweihung aufstellte, seinen Lohn einzufordern, trieben die Urner einen Geissbock über die Brücke. Es war gewiss ein Verstoss gegen Treu und Glauben, der Teufel zürnte, raste, wütete, doch was wollte er machen? Nun, sein Werk wieder zerstören! Er schleppte einen gewaltigen Stein heran, den Teufelsstein eben. Als er kurz rastete, ritzte ein Mütterchen ein Kreuz in den Stein. Der liess sich nicht mehr bewegen, der Teufel fuhr zur Hölle, die Brücke gehörte nun ganz den Urnerinnen und Urnern.

So weit die Geschichte, gemäss der es möglich scheint, Fortschritt zu schaffen, ohne einen allzu hohen Preis zu zahlen. Der Stein belegte es und verkörperte die auf Überwindung der Alpen und Handel mit dem Süden sinnende Natur des Menschenschlages an der Reuss. Alles war in Ordnung. Bis ein Bauer das Mätteli samt dem Stein 1885 der St. Galler Schoggifabrik MAESTRANI überliess. Die Firma liess den Stein braun anstreichen und mit dem Werbespruch beschriften: «Schokolade MAESTRANI ist die beste.» Manche Menschen im Tal ärgerten sich gewaltig, sie fühlten sich durch die Kommerzialisierung verletzt. Und doch blieb die Reklame lange bestehen. Wer mit der Gotthardbahn reiste, sah sie. 1925 endlich schenkte MAESTRANI den Stein der Naturforschenden Gesellschaft Uri. Womit er gesäubert werden konnte.

Dann kam die Autobahn, als Projekt vorerst, und plötzlich störte der Stein, indem er exakt im vorgesehenen Trassee stand. Sprengen, schlugen die Ingenieure vor. Entrüstung brandete ihnen entgegen. Alle möglichen Gruppen und Stellen protestierten und verlangten den Erhalt des Steins. Die Idee einer Verschiebung kam auf. Bloss: Wer sollte die Kosten von gut 300 000 Franken tragen? Schliesslich teilte der Bund mit, dass man den Betrag in die Nationalstrassenrechnung aufnehme. Am 29. Oktober 1973 begannen nach drei Monaten Vorbereitung die hydraulischen Pressen zu arbeiten und schoben den Klotz aus Aaregranit, der da 15 Millionen Jahre gelegen hatte, Zentimeter um Zentimeter vorwärts. Drei Tage dauerte es, dann waren die 127 Meter plus 3,3 Höhenmeter aufwärts geschafft. Eine tolle Geschichte, die der Journalist Helmut Stalder in der NZZ erzählt hat.

Ein Happy End hat sie auch, möchte man meinen. Denn der Teufelsstein ist gerettet. Wir haben ihn noch. Bloss leider steht er am Rande der Autobahn in einem tristen Winkel. Sein Triumph ist ebenso gut als Demütigung deutbar.

Tod eines Viehdiebes
750205 — Bogartenmannli — 236857
(AI)

Ob wir von Süden aufsteigen, vom Tal des Sämtisersees also, oder von Norden, von Wasserauen her, der Aufstieg zur Bogartenlücke ist steil und schweisstreibend. Die Belohnung des Wanderers und der Wanderin besteht in der Ansicht der apart gefalteten, verdrehten und zerborstenen Ketten des Alpsteins. Die Route verläuft beidseits der Lücke im geologischen Spektakel des «Sax-Schwende-Bruches»; gewaltige Kräfte liessen einst die Parallelketten des Appenzeller Gebirges bersten und schufen den Korridor durch sie.

Oben in der Lücke steht als charismatischer Füller das Bogartenmannli. Es ist eine Appenzeller Ikone. Von Weitem sichtbar, gleicht der meterhohe Fels einem sanft gekrümmten Finger oder eben einem leicht gebeugt dastehenden Männlein. Dazu gibt es eine Sage. Einst soll in der Gegend ein Riese gehaust

haben, der sich von Kühen nährte, die er den Sennen stahl. Es war zum Verzweifeln. Einer der Sennen, Rässenbadistens Hansanton, stieg dann einmal mutig einer verschleppten Kuh nach und kam zum Bogarten, wo der Riese ruhte. Somit war dessen Lagerplatz bekannt. Mit seinem Bruder Franzjakob hielt Hansanton Kriegsrat: Was tun, da doch nicht einmal zwölf Männer dem Riesen beikamen? Die beiden Sennen setzten auf Elementargewalt. Sie steckten, als einmal der Föhn die Fluren ausgetrocknet hatte, den Bogartenwald an. Rasch frass sich das Feuer den Hang hinauf. Der Riese fand auf allen Seiten die Flucht unmöglich, sein Fellschurz begann zu brennen, oben in der Bogartenlücke verendete er. Der Felspfeiler, der so aussieht wie er, wird *Bogartenmannli* genannt.
Lesen: *Sagenreich Appenzell. Innerrhoder Sagen in einer Neubearbeitung von Edi Moser.* DRUCKEREI APPENZELLER VOLKSFREUND, 2007.

Der Bauer reagierte richtig
539601 — Menhir — 185378
(VD)

Mai 1895. Bei Les Echatelards, einen Kilometer nördlich von Schloss Grandson, gräbt ein Bauer seinen Acker um. In 50 Zentimetern Tiefe entdeckt er einen länglich geformten Stein. Wie es aussieht, ist das ein

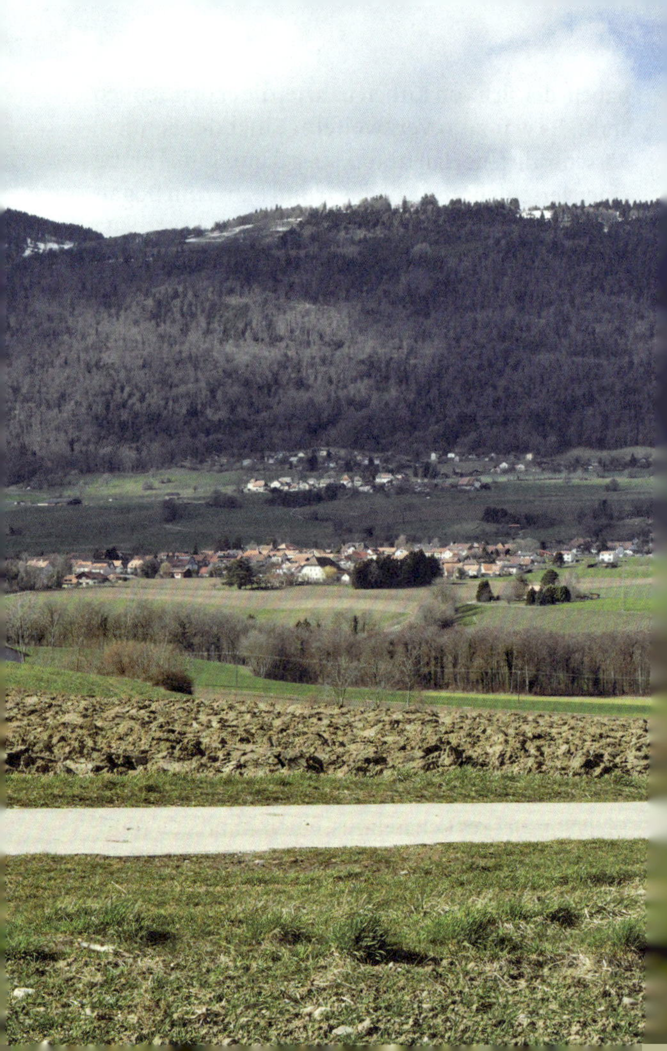

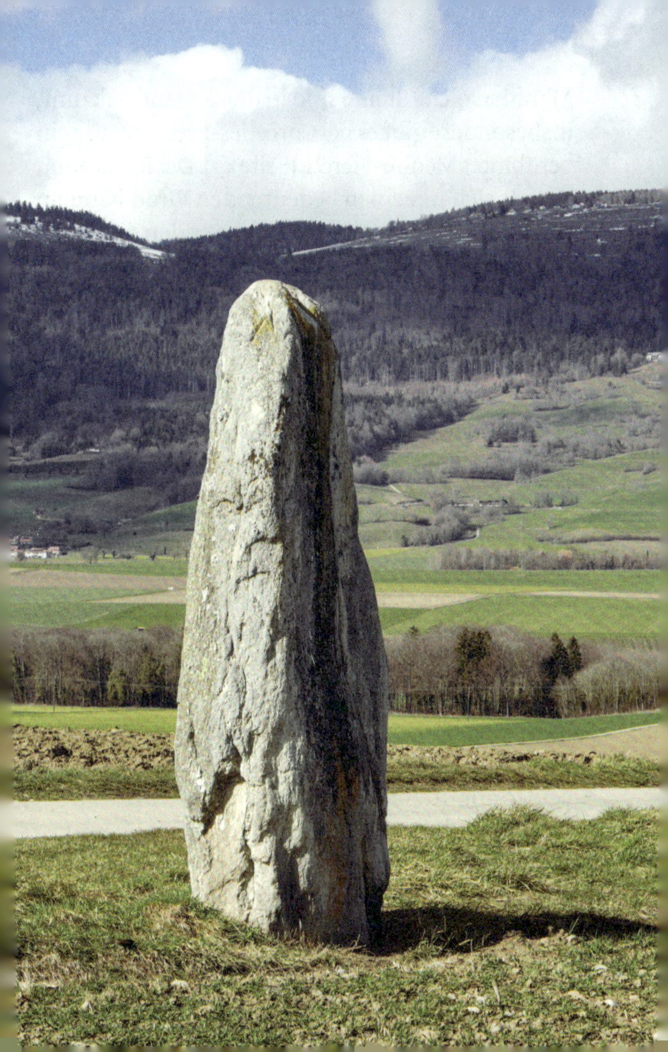

Menhir; solche Steine sind in der Gegend bekannt, insbesondere gibt es bei Corcelles-près-Concise ein berühmtes Menhir-Viereck (Seite 47). Der Bauer ahnt, dass es sich um einen bedeutenden Fund handeln könnte; er reagiert richtig, indem er den Archäologen Bescheid gibt. Die revanchieren sich, indem sie einige Zeit später den Stein, bevor sie ihn aufrichten, um knapp vier Meter an den Rand eines Feldsträsschens verschieben. So wird der Bauer beim Pflügen weniger gestört.

Dort steht der Stein seither, eine schlanke, von weither sichtbare Nadel, ein stolzes Monument; könnte er sehen, würde er die Aussicht geniessen auf den Neuenburgersee, zum Chasseron und den Aiguilles de Baulmes. Aus einer Art metabolischem Schiefer besteht er, weist laut geologischem Gutachten Quarzeinsprengsel auf, ist mit Moos und Flechten bewachsen und hat eine weissliche Spitze; 3 Meter 40 hoch ist er und wiegt an die drei Tonnen. 1902 bereits stellte man ihn per Dekret unter Schutz. Zu grosser Bekanntheit hat er es nie gebracht, wenn man von seiner unmittelbaren Umgebung absieht.

Ob er aber wirklich ein Menhir der Vorzeit ist oder bloss ein spektakulär geformter Stein, das bleibt offen. Auf der Landeskarte wird er als Menhir geführt. Und ein fachkundiger Romand, der ihm in der Zeit der Entdeckung einen Aufsatz gewidmet hat, erwähnt, dass der Sockel – er ist in der Erde verborgen – behauen sei, was dem Stein ein stabiles Stehen ermögliche.

Wandern: Vom Bahnhof Grandson steigen wir hinauf zum Städtchen, ziehen weiter nach Le Grand Clos und erreichen nach einer halben Stunde Gehzeit den Menhir – *voilà la pierre!* Wenn wir es richtig treffen, blühen die Sonnenblumen des Feldes und schmücken den Koloss.

Neun Knechte enden bös
730431 — Grosser Stein — 279196
(TG)

An der Hauptstrasse 39 in Kreuzlingen residiert Kreuzlingen Tourismus. Der Grosse Stein steht neben dem modernen Geschäftshaus dort, wo der Steinweg abzweigt. Mehrmals wurde dieser Findling aus Kalk ein wenig zurückversetzt; einmal wollte man ihn zugunsten eines Trottoirs gar sprengen. Die Naturforschende Gesellschaft des Kantons Thurgau verhinderte es, aus jener Zeit stammt die eingravierte Jahrzahl 1874 über dem Sockel. Eine Inschrift in einem Oval erwähnt gleich drei Dinge, die mit dem Stein verknüpft sind. Aber nun müssen wir uns zuerst ins Mittelalter zurückversetzen. Damals war nicht viel an diesem Ort, der auf der Sandmoräne eines einstigen Gletschers liegt; wenn wir genau hinschauen, sehen wir, wie die Hauptstrasse zum Kamm der Moräne ein wenig steigt, um nach dem Scheitelpunkt sanft wieder abzusinken. Etwas nördlich stand das Kloster Kreuzlingen. Beim Stein selber fand sich eine Sandgrube, aus der Bauleute sich bedienten. Sowie ein Galgen.

Zu ihm passt die mittlere Inschrift auf dem Stein: «Richtstätte der 9 Knechte des Mangold von Brandis 1368.» Die Brandis, ursprünglich aus dem Emmentaler Dorf Lützelflüh stammend, waren Haudegen, Wüteriche, Rohlinge. Heute würde man sagen: Sie waren keine Sympathieträger. Und doch stellten die hohen Herren, inzwischen auf der Reichenau im Bodensee basiert, immer wieder Äbte für das altehrwürdige Kloster ebendieser Insel. 1366 war Mangold von Brandis einer von drei Reichenau-Geistlichen, die nah Konstanz einen gewissen Mathäus beim Fischen antrafen. Nach Ansicht der Reichenauer gehörte dieser Seeabschnitt ihnen. Sie ergriffen Mathäus und drückten ihm die Augen aus. Die Konstanzer zogen darauf gegen die Reichenau, raubten, brandschatzten, verwüsteten, so viel sie konnten. Worauf Mangold von Brandis bald rachehalber fünf weitere Männer blendete, die in der strittigen Zone fischten. Später überfielen die Reichenauer das Konstanzer Marktschiff auf dem Weg nach Stein und erstachen acht Dienstleute. Die Konstanzer reagierten. Sie fuhren mit 400 Bewaffneten auf 18 Schiffen zur Burg Marbach, die zur Reichenau gehörte. Die neun jungen Knechte, die schwache Besatzung der Burg, ergaben sich. Die Konstanzer zerstörten die Burg. Die Knechte nahmen sie mit und richteten sie am Grossen Stein hin. Dies die mittlere Inschrift, die an ein Mittelalter gemahnt, das so finster war wie sein Klischee.

Die obere Inschrift ist friedlicher. Sie verweist darauf, dass der Grosse Stein einst eine Grenzmarke war, an der die Linie begann und endete, die das riesige Gebiet der Vogtei Eggen (*«uff den Eggen»*) umriss. Die Inschrift zuunterst wiederum erinnert an den Stiftsdekan Georg Tschudi, dem der Grosse Stein 1528 als «Rednerstuhl» gedient haben soll. Tschudi wollte als beherzter Katholik den alten Glauben gegen die Reformation verteidigen. Dass er wirklich sass, während er sich an das Volk wandte, ist allerdings unglaubwürdig. Der Stein ist dazu nicht geeignet. Der Geistliche hätte auf der gerundeten Spitze alle Hände voll zu tun gehabt damit, sich festzuklammern. Er hätte lächerlich gewirkt, nicht souverän. Wie ein Tourist, der vor den Pyramiden von Giseh auf einem Kamel reitet.

Maisonette an bester Lage
561672 — Pierre des Marmettes — 122450
(VS)

Ihre Pierre des Marmettes gilt den Unterwallisern als grösster Findling der Schweiz. Doch hätten sie es nicht nötig, mit der Quantität zu argumentieren. Die Qualität macht es aus. Die Pierre des Marmettes in Monthey ist einer der schönsten Findlinge im Land. Jeder Mensch, ob Kind oder Erwachsener, steht vor ihr still und haucht bloss das eine Wörtli des Beeindrucktseins: wow! Oder auch: oh là là! Die Pierre des Marmettes ist praktisch nackt, was die Absolutheit ihrer Erscheinung betont. Auf der einen Seite hat abfliessendes Regenwasser dunkle Schlieren in den hellen Granit gezeichnet, sodass ein Streifenmuster entstand. Das Häuschen obendrauf macht das Wunder komplett. Früher sass in ihm ein Feldhüter, ein Mann, der insbesondere über die kostbaren Weintrauben am Rebhang wachte. Ersteigen wir über die in den Stein gehauene Treppe die geländergesicherte Plattform, können wir die *Maisonette,* wie sie auf Französisch heisst, besichtigen. Sie ist leer und mutet ein wenig trostlos an. Aber der Blick! Weit schweift er über Monthey, das dem Stein zu Füssen liegt, als wollte es ihm huldigen; auch bekommt das Auge die Rhoneebene und die spitzen Berge gegenüber präsentiert.

Hinkommen ist leicht und dauert vom Bahnhof Monthey zu Fuss eine gute halbe Stunde, 130 Höhenmeter sind zu nehmen bis zum Spital. Die Pierre steht auf dem Spitalparkplatz und wird von Autos bedrängt wie ein gutmütiges Rhinozeros von lächerlichen Hunden. Einstmals schwebte sie in echter Gefahr. Monthey holte um 1850 italienische Arbeiter. Granitspezialisten. Sie sprengten viele Steinriesen. Der Findlingsgranit ergab Trottoirrandkanten und Hangmauern und steckt auch in öffentlichen Gebäuden der Stadt.

Die Pierre des Marmettes, die in der Vorzeit aus der Gegend des Mont Blanc herangetragen wurde, hat das überlebt. 1905 dann wollte ihr Eigentümer sie einem Bauunternehmer verkaufen – die Gefahr war zurück. In jener Zeit freilich gab es bereits ein öffentliches Bewusstsein und eine Wertschätzung für spezielle Findlinge. Die horrende Rückkaufsumme von 31 500 Franken kam durch Beiträge des Bundes, des Kantons, der Gemeinde und anderer zusammen; die Pierre des Marmettes ging an die Vorgängerin der heutigen Akademie der Naturwissenschaften Schweiz. Zum Namen des Steins dies: Vermutlich geht er auf einen früheren Besitzer Mermet zurück, auch gibt es die Deutung, dass einst Murmeltiere *(Marmottes)* um den Stein hausten. Jedenfalls aber löst er einen Laut aus: wow! Oder auch: oh là là!

Googeln: «*Chemin des Blocs Erratiques*» führt zu einem Themenpfad, der bei der Pierre des Marmettes beginnt. Er führt einigermassen waagrecht durch den Hang über dem Rhonetal, umfasst acht Stationen, endet am Rand von Collombey und vermittelt Wissenswertes zu der findlingsreichen Gegend. Mindestens drei Steine am Weg sind so beeindruckend, dass sie auch einen Platz in diesem Buch verdient hätten. Es sind die Pierre à Dzo, die Pierre à Muguet (eine von mehreren Schreibweisen) und der Bloc Studer.

Die archäologische Hausmauer
710858 — **Lepontisch-ligurische Grabsteine** — 097183
(TI)

Aranno ist ein unverschandeltes Dorf im Malcantone. Der alte Dorfkern liegt, wenn man mit dem Bus von Cademario her kommt, rechts unterhalb der Strasse am abfallenden Hang. Die lepontisch-ligurischen Steine seien in die Fassade des Hauses Nr. 20 eingemauert, heisst es im Steininventar ssdi.ch. Ungnädigerweise liefert das Inventar den Gassennamen zur Hausnummer nicht mit; vermutlich waren, als es zusammengestellt wurde, noch nicht alle Gassen amtlich benannt. Die Suche beginnt und wird schnell zur Herumirrerei, erstaunlich, wie verwinkelt der Kern ist. Ein Haus trägt tatsächlich die Nummer 20, ist aber modernen Ursprunges und glatt verputzt, da ist nichts Archäologisches. Schliesslich weiss ein Dorfbewohner mittleren Alters, worum es geht, und kann helfen. Er gibt ein Haus an, das ziemlich verfallen ist.

Tatsächlich! Da sind, in einer Horizontalen gereiht, vier Steinfragmente. Fremdkörper im neuzeitlichen Mauerwerk. Teile einer oder mehrerer Grabplatten, die man Mitte des 19. Jahrhunderts anderswo – der Herkunftsort ist nicht bekannt – barg und als Baumaterial im Dorf rezyklierte. Jedes Fragment ist ein wenig anders gefärbt, das reicht von rötlich bis bräunlich mit Noten von Grau. Auch die Formen variieren: zwei Rechtecke, das eine hoch, das andere quer, dann ein flaches Rechteck, das gegen oben eine Wölbung aufweist wie ein Kleiderbügel, schliesslich ein Dreieck. Bei drei der vier Steine sind die Schriftzeichen bestens sichtbar, das Dreieck rechts ist wohl auch beschriftet, aber viel ist nicht mehr zu erkennen. Die Schrift scheint unserem Alphabet zu entstammen, doch dieses auf seltsame Art zu verdrehen, man denkt ans Kyrillische. Und an Keilschrift.

Handelt es sich um das Alphabet von Lugano, um jenes Alphabet, das die Lepontier von dem der Etrusker ableiteten? Die Sache ist vertrackt und kann hier nicht aufgelöst werden. Im Inventar ist, wie erwähnt, die Rede von «lepontisch-ligurischen Inschriftensteinen». Die Ligurer waren ein alteuropäisches Volk, das vom Mittelmeer, mit dem man sie heute assoziiert, bis zum Oberrhein siedelte. Was genau ihr Beitrag zur Hausmauer in Aranno ist, bleibt unklar – das Inventar stiftet eine unauflösliche Verwirrung. Die Lepontier wiederum, deren Name in der Tessiner Talschaft Leventina weiterlebt, waren vielleicht Etrusker und vielleicht Kelten. Oder eine Mischung aus beidem. An einigen Orten in der Südschweiz haben sie Inschriften hinterlassen. Die Fragmente von Aranno haben Forscher zum Teil gedeutet und als Grabinschriften entziffert: «Grab von Slanios» sowie «Grab von Mationes». Nichtkenner stehen belämmert vor den staksigen Zeichen. Es ist, als veranstalte Aranno eine Zeitreise und ziehe sie mit in die Epoche vor den Römern. Die Adresse, die das eigenartige Bildungserlebnis bereithält: Ai Pòrtegh. Hausnummer 2.

Forstingenieur Brosi macht eine Entdeckung
754655 — Felszeichnungen — 173450
(GR)

Man muss schon ein nüchternes Gemüt haben, um am Ort der Felszeichnungen von Carschenna nah Sils im Domleschg nicht berührt zu werden. In Erhabenheit blickt man vom Rand der Geländekante – Vorsicht, insbesondere, wenn Kinder dabei sind! – auf den Hinterrhein, der 400 Meter tiefer das Domleschg durchströmt. Priesterlich wird einem zumute, man verliert sich in Kultfantasien, bis man an sich herabblickt und feststellt, dass man keinen Lendenschurz und kein Fellgewand anhat, sondern Jeans. Und damit zu den Fakten. Es sind wenige. Insbesondere bleibt die Datierung der Petroglyphen, wie das Fachwort für Felszeichnungen lautet, unklar: Am ehesten stammen sie aus der Bronzezeit oder der Eisenzeit, sagen die Fachleute; kann ja auch sein, dass durch die Zeitalter immer wieder mal eine neue Gravur hinzukam. Das Anfertigen mag genauso eine religiöse Handlung gewesen sein wie später das Kontemplieren.

Entdeckt wurden die Zeichnungen vom Forstingenieur Peter Brosi. Er sucht 1965 auf der Waldlichtung von Carschenna einen Vermessungspunkt. Flache, von Moos überwachsene Steinplatten erwecken sein Interesse, und er erkennt an einer Stelle, was sich darunter verbirgt. Ein Foto von damals zeigt, wie Brosi die Humusdecke von Platte Nr. 2 zurückrollt, als sei sie ein Teppich: eine prachtvolle Rad- oder Sonnengravur kommt zum Vorschein. Insgesamt sind es an die zehn Felsplatten, die allerlei Wunderliches zeigen: konzentrische Kreise, andere geometrische Symbole, Schalen, Darstellungen von Mensch und

Tier wie etwa ein Reiter mit Pfeilbogen. Und ist da ein Hund auszumachen? Die Zeichnungen sind Punkt für Punkt in den sandsteinartigen Bündnerschiefer gestochen mit einem spitzen Werkzeug aus Eisen oder Bronze. Insgesamt sind es 300 bis 400 Motive.
Wandern: Vier Stunden dauert die Rundwanderung von Thusis via die Burgruine Hohen Rätien nach Carschenna (Hinweisschilder vorhanden) und via Burg Ehrenfels wieder hinab, gute Schuhe tun not. Eine Portion Respekt auch: Immer wieder gibt es Besucherinnen und Besucher, die auf den Felszeichnungen herumtrampeln.

Aussperrung der Armagnaken
610494 — **Glögglifels** — 254894
(BL)

Eine Wanderung im Kanton Basel-Landschaft: von Grellingen hinauf zum Glögglifels, hart an der Kante der Kalkwand zur Eggfluh, hinüber zum Blattenpass und hinab nach Pfeffingen, wobei wir ab dem Gebiet Tschäpperli mehrere Ruinen passieren. In Pfeffingen können wir essen, dann kommt mit der verfallenen Burg Pfeffingen eine weitere Ruine, und schliesslich langen wir wieder in Grellingen an. Vier Stunden beträgt die Gehzeit, dazu kommt viel Zeit für die Visite der Ruinen.

Das Bild des Glögglifelsens, Gemeinde Nenzlingen, werden wir ebenso nach Haus tragen wie andere Ansichten der grandiosen Gegend. Der Viermeterzahn im Wald ist an sich schon apart. Menschen haben ihn zusätzlich ausgestattet, geschmückt, inszeniert. Zum Beispiel prangt im Stein eine eingemeisselte Fratze mit einem eigenartigen roten Schminkmund. Auch steht da der leicht bedrohliche Satz «*Gang ewäg oder i ghei dir dr Glögglifels uf e Ranze*», signiert hat ihn ein gewisser Viggit oder Viggi, das t am Schluss ist ein wenig versetzt und wohl eher ein Kreuz. Mehr Sinn ergeben die in unserer Zeit aufgefrischten historischen Wappen von Basel und Bern.

Zur Erinnerung: Das Laufental war vor 1994 bernisch und gehört seither zum Kanton Basel-Landschaft; diesen wiederum gibt es seit 1833, er entstand durch die Loslösung von der Stadt Basel. Die alte Kantonsgrenze ist durch die senkrechte Linie zwischen den Wappen markiert, die Ausmarchung geschah im Jahre 1822. Ein Wegzoll war an dieser Stelle wohl fällig. Die Glocke an einer Kette ist sinnreich, denn der Fels soll seinen Namen davon haben, dass man den Zöllner rief, indem man die Glocke bimmeln liess. Freilich ist das Lärmding nicht wirklich alt, es ist nachempfundene Historie. Eine Verdeutlichungs- und Versinnlichungsrequisite.

Bei den senkrechten Nuten im Fels geht man davon aus, dass sie Teil einer Wegsperre waren und Gatter hielten. Möglicherweise ist die Vorrichtung zu erklären durch den Einfall von Armagnaken im Jahr 1444. Damals im Alten Zürichkrieg war diese in Frankreich basierte Soldateska in der Eidgenossenschaft unterwegs, nah der Stadt Basel kam es zur Schlacht bei St. Jakob an der Birs, einem Grossmassaker. Dass am Glögglifelsen schon in der Römerzeit, parallel zur Birs unten im Tal, eine Strasse vorbeiführte, darüber wird spekuliert. Plausibler ist, dass die Hangstrasse erst im Mittelalter entstand, allenfalls im Zusammenhang mit der Anlage oder dem Ausbau der Burg Pfeffingen. Also zwischen dem 11. und 13. Jahrhundert. Genauer geht nicht. Doch macht das den Glögglifelsen nicht weniger reizvoll. Oder ist es gar so: All die Mysterien machen ihn vollends attraktiv?

Ach!
660971 — Achistein — 172207
(BE)

Die Leute im Haslital reden eine wilde Mundart. Versteht man das? Vermutlich so circa zur Hälfte. *«Der Achistäin ischd äiziid liglegen am Aarboort gsiin, und es Frowwelli hat drüüf es Gäärtelli ghäben. Aber äis ischd ds Wasser grooses chun un het ds Gäärtli furtgschwäichd und de Stäin de stotzwäg üüfgstellt, wie n er hiit stäid. Waa ds Frowwelli die Metti gseen häisgi, häigi s afaa jesenen und gjammred: Ach mii Stäin! Siithar häissi där Stäin Achistäin.*» Die Stelle findet sich in einer Sammlung von Haslitaler Geschichten und Märchen und erklärt den Achistein von Innertkirchen gleich in zweifacher Hinsicht. Zum einen soll es eine Überschwemmung gewesen sein, die einst den elf Meter langen Stein praktisch senkrecht aufstellte, wie er sich heute an der Grimselstrasse präsentiert. Und zum anderen soll es der Klageruf des besagten Fräuleins gewesen sein, dessen Garten fortgespült wurde, der dem Stein den Namen gab.

Freilich gibt es zur Benennung andere Theorien, steht in *Namensteine und Schalensteine im Kanton Bern* von Karl Ludwig Schmalz zu lesen. Sprachforscher erwägen die Möglichkeit, die Silbe *Achi* mit dem althochdeutschen *aha* für «Fluss» zu erklären. Doch gibt es die aus dieser Wurzel entstandene Gewässerbezeichnung *Aa* östlich des Brünig zwar oft (Sarner Aa), westlich des Brünig im Berner Oberland aber nie. Andere Leute glauben eher an die Herkunft des Wortes aus dem Dialekt der Gegend, in dem früher das Wort *äch* für «steil» geläufig war.

Eine kolorierte Aquatinta von 1822, in Paris als Teil des Albums *Voyage pittoresque de l'Oberland bernois*

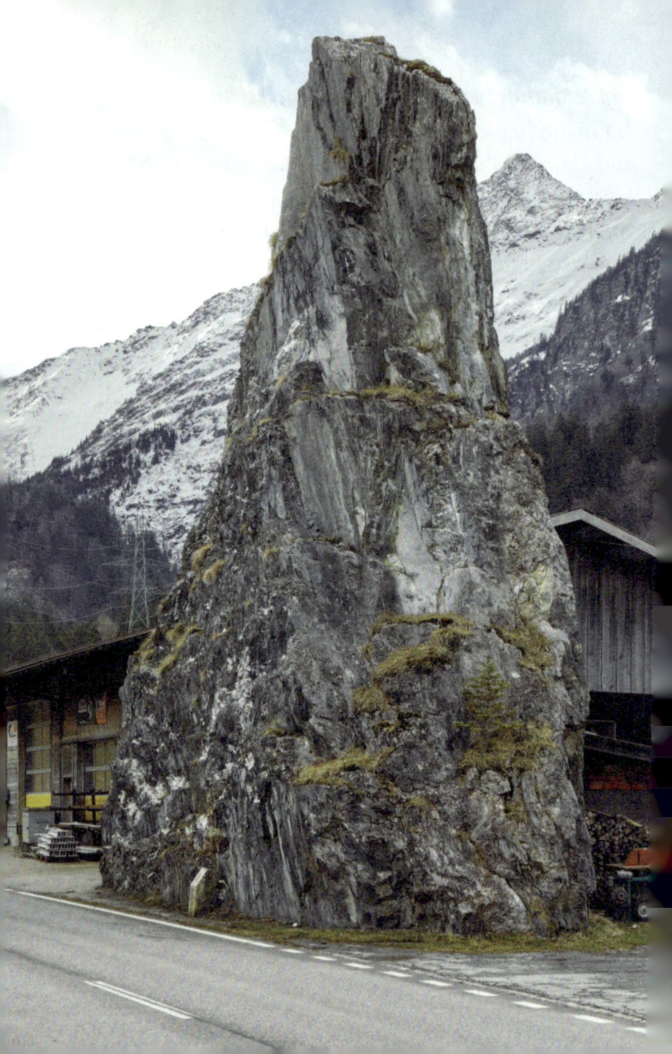

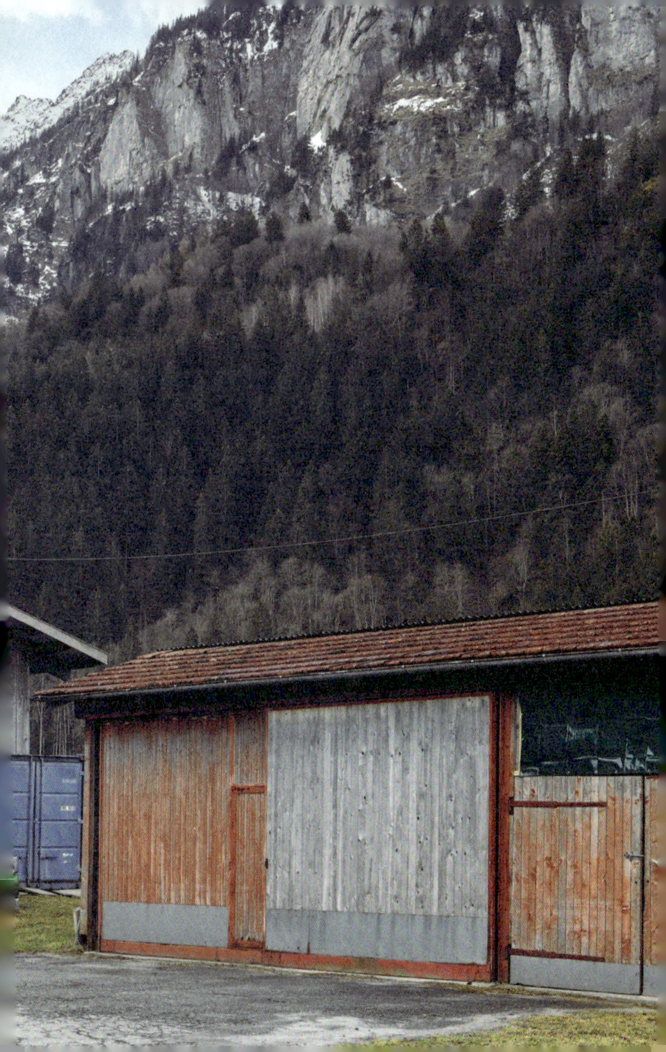

publiziert, stellt den Achistein am Ufer einer aufgewühlten Aare dar. Freilich ragt er auf dieser wildromantischen Interpretation wesentlich schräger in die Landschaft. Der Künstler, Gabriel Lory, konnte so mehr Dramatik erzielen als mit einer Fast-Senkrechten. Dabei ist der Achistein, der vermutlich von einem Felssturz stammt, auch in seiner realen Gestalt eine packende Erscheinung. Etwas ausserhalb und südöstlich von Innertkirchen erhebt er sich an der Passstrasse; wir erreichen ihn zu Fuss in zehn Minuten von der Bahnendhaltestelle «Innertkirchen MIB». Das Kürzel steht für Meiringen-Innertkirchen-Bahn, es handelt sich um ein Schmalspurzüglein, das als Werksbahn der Kraftwerke Oberhasli startete, bevor es 1946 dem Netz des öffentlichen Verkehrs zugeschlagen wurde.

Schnell, wie gesagt, sind wir bei unserem Stein. Früher fuhr an ihm vorbei die Postkutsche Richtung Grimsel. 1892 bis 1894 baute man die Fahrspur aus und schliff den Stein im unteren Teil etwas ab, damit er nicht in die verbreiterte Piste ragte. Später, als die moderne Strasse kam, tat man dies gleich noch einmal. Das hat ihn noch mehr zur Nadel gemacht. Einzige Beeinträchtigung heute: Der angrenzende Gewerbebetrieb rückt dem Achistein sehr nahe. Haben wir uns sattgesehen, können wir auf der Talroute weiter nach Guttannen wandern. Oder wir unternehmen von Innertkirchen aus einen Postautoausflug das Gental hinauf zur Engstlenalp und dem Engstlensee.

Sie tanzten zu nah am Feuer
586025 — Fille de Mai — 250650
(JU)

Von Delémont erstreckt sich Richtung Lucelle auf der schweizerisch-französischen Grenze dünn besiedeltes Land. Nördlich des Kretendorfes Bourrignon gibt es eine tiefe Senke, hinter der sich der Hang wieder hebt, er heisst La Côte de Mai. Buchenwald deckt den Hang, doch heben sich zwei eigentümliche Felsgestalten aus dem Grün. Kalktürme. Wie erstarrte Monumentalmenschen sehen sie aus. Das grössere der beiden Gebilde, gut 33 Meter hoch: Das ist die *Fille de Mai,* die Maibraut. Sie ist nicht ganz so unbeweglich, wie man meint. In der Nacht des 1. Mai, heisst es, drehen sie und ihr Nachbar sich beim zweiten Schlag der Mitternachtsglocken um die eigene Achse und erinnern so an ihr Geschick. Sie sind gemäss der Legende ein Paar, das zu nahe an einem Feuer tanzte und verbrannte.

In der Zeitung LE PAYS vom 10. Juni 1906 findet sich ein charmant mäandernder Artikel, der beklagt, dass die jungen Mädchen neuerdings nur noch «absurde, dumme und anzügliche Chansons» sängen. Dabei gebe es doch, in Bonfol etwa und in Damphreux, den schönen Maibrauch, bei dem die Mädchen umherzögen und, mit einem Hagedorngebinde geschmückt, ein Freudenlied zur Rückkehr des Frühlings zum Besten gäben; das sei Liedgut mit Gehalt, findet der Artikelverfasser. Er schlägt von der regionalen Sitte den Bogen zu keltischen Frühlingsritualen und zur Göttin Maia, deren Name in der Fille de Mai weiterlebe. Die Gepflogenheit wird auch erwähnt, dass einst ein junger Mann aus den Dörfern am Grenzflüsschen Lucelle oder Lützel am 1. Mai auf einem weissen Pferd durch das Land ritt, um die Ankunft des Frühlings zu verkünden. Oft nahm er ein Mädchen zu sich aufs Pferd, natürlich ein schönes. Später tanzte die versammelte Jugend um ein Feuer, und die Mädchen sprangen über die Glut. Eine Mutprobe – das Mädchen, das sich nicht verbrannte, würde binnen Jahresfrist einen Mann finden, glaubte man in jener alten Zeit.

Die Fille de Mai leicht unterhalb des Wanderweges durch die Côte de Mai ist gut zugänglich auf einem schmalen Pfad, der vom Wanderweg abzweigt. Hier die passende Route: Von Bourrignon in einem weiten Bogen via Plainbois und Grande Roche zum

Etang de Lucelle. Von dort wieder nordwärts nach Le Moulin, durch die Côte de Mai und nach dem Abstecher zur Fille de Mai weiter nach Pleigne. Vier Stunden braucht die Unternehmung. Die Fille de Mai wird einem bleiben. Erstaunlich, wie unbekannt dem Land diese rätselhafte Kreatur ist. Sie ist die Sphinx der Schweiz.

Das keltische Relief
500626 — Matronenstein — 117234
(GE)

Vier junge Frauen lassen sich von ein und demselben Mann narren. Eine nach der anderen sterben sie vor Kummer. So weit eine der Geschichten um den Matronenstein, der aus Troinex stammt, einem Dorf unweit von Genf – der Stein trägt ein Relief, das die vier Frauen zeigt. In Troinex stand er auf einem seltsam geformten Hügel, der sich bei einer archäologischen Erforschung als Tumulus herausstellte, als Grabhügel aus sehr alter Zeit. Doch bleibt der Zusammenhang von Stein und Tumulus unklar. Der Matronenstein, die *Pierre aux Dames,* wie er auf Französisch heisst, wurde 1877 nach Genf gebracht und dort an einer Promenade aufgestellt; später kam er ins Musée d'Art et d'Histoire. Dort ist er im Innenhof mit vielen anderen historischen Steinen zu besichtigen: ein Brocken aus Gneis, der etwas mehr als drei Meter lang ist und dem Betrachter bis zur Hüfte reicht. Das Relief mit den vier Frauen auf der einen Breitseite finden alle Fachleute, die es beurteilen, von grober Machart. Die meisten sind sich einig, dass es sich bei den Dargestellten um *matrones* handelt, daher der deutsche Name.

Matrone klingt heutzutage unangenehm, das Wort bezeichnet im sprachlichen Alltag eine unansehnliche Frau nicht mehr jungen Alters und ist längst als sexistisch verpönt. In der Religionsgeschichte freilich sind die *matrones* oder auch *matres* mütterliche Göttinnen zur Zeit der Römer, Germanen und Kelten; sie sind an einen bestimmten Ort gebunden und bedenken diesen samt seiner Umgebung mit Heil. Gewöhnlich treten sie zu dritt auf. Ein kleiner Kult widmet sich ihnen, man deponiert zum Beispiel einen Blumenkranz oder Feldfrüchte dort, wo sie wirken. Der Matronenstein von Troinex stammt mit grosser Wahrscheinlichkeit aus der keltischen, aber schon durch die römischen Eroberer überlagerten Zivilisation, ist also gallorömisch; in jener Zeit fangen die Kelten überhaupt erst an, solche Göttinnen künstlerisch abzubilden. Warum es in diesem Fall vier Frauen sind und nicht wie in der Regel drei, weiss keiner. Erschwert wird die Deutung des Reliefs auch dadurch, dass dieses nicht sehr plastisch ausgefallen ist, kein Wunder angesichts der Härte von Gneis. Zudem ist es verwittert. In einer Beschreibung heisst es, zwei der Frauen hielten Gefässe in den zusammengelegten Händen. Mag sein.

Noch eine Legende, die sich um den Matronenstein rankt: Eine Bäuerin der Gegend, die den vier Frauen besonders viel Ehrerbietung entgegenbringt, wird von diesen mit einem Korb bedacht. Ein Tuch ist über den Korb gebreitet, sie dürfe es erst zu Hause entfernen und hineinschauen, wird der Bäuerin mitgegeben. Natürlich hebt sie unterwegs doch das Tuch. Gross ihre Enttäuschung, als sie darunter nur ein paar Baumblätter vorfindet. Sie wirft sie weg. Zu Hause schaut sie noch einmal in den Korb. Ein Blatt, das sich unten im Korb verfing, hat sich in ein Goldstück verwandelt.

Glossar

Alignement: Eine Reihe oder gar Allee von Menhiren, aufrecht stehenden Megalithen.

Cromlech: Im Allgemeinen ein Kreis mit prähistorischen Steinen. Der Gebrauch des Wortes schwankt allerdings, auch gilt es als veraltet.

Dolmen: Ein Bauwerk der Vorgeschichte aus grossen, behauenen Steinen, die zusammengefügt eine Kammer oder einen Kasten ergeben. Meist handelt es sich um eine Grabanlage.

Findling: Ein Stein, den ein Gletscher der Eiszeit herantrug und liegen liess. Findlinge machen den Grossteil der Erratiker aus, der Steinblöcke, die nicht dort liegen, wo sie entstanden sind.

Landeskarte: Das amtliche Kartenwerk der Schweiz. Besonders beliebt sind die Karten im Massstab 1:25 000 und 1:50 000. Manche der Steine im Buch sind in der Landeskarte eingezeichnet.

Megalith: Wörtlich «grosser Stein». Der Ausdruck bezeichnet vor allem die Steine grosser Bauwerke der Vorgeschichte. Die berühmteste Megalith-Anlage ist Stonehenge in England.

Menhir: Ein länglicher, von Menschen aufgestellter, des öftern auch behauener Einzelstein. Bisweilen liest man auch den Begriff «Hinkelstein».

Monolith: Ein Stein, der komplett aus einer einzigen Gesteinsart besteht.

Sagenstein: Ein Stein, mit dem eine Sage oder Legende verknüpft ist.

Schalenstein: Ein Stein mit napfförmigen Vertiefungen. Die Zahl dieser Schalen kann variieren, manchmal sind es einzelne, manchmal Hunderte. Auch die Abmessungen der Schalen sind verschieden. Bisweilen kann man nicht klären, ob sie von Menschenhand stammen oder durch natürliche Vorgänge (Regenwasser) entstanden sind.

Steinzeit: Erste Periode der Urgeschichte. Sie wird in Altsteinzeit *(Paläolithikum)*, Mittelsteinzeit *(Mesolithikum)* und Jungsteinzeit *(Neolithikum)* unterteilt. Die Mittelsteinzeit dauerte hierzulande circa von 9500 bis 5500 vor Christus, die Jungsteinzeit dauerte von circa 5500 bis 2200 vor Christus (Datierung gemäss *Lebensweisen in der Steinzeit,* Verlag HIER UND JETZT, 2017). Es folgen die Bronzezeit und die Eisenzeit. Der Übergang von der Mittelsteinzeit zur Jungsteinzeit ist charakterisiert durch die «Neolithische Revolution». An die Stelle des Jagens und Sammelns tritt eine frühe Form der Landwirtschaft, die Menschen werden sesshaft.

Zeichenstein: Ein Stein, der von Menschen eingravierte Zeichen aufweist, wie zum Beispiel Sonnenräder.

Index nach Kantonen

Nicht aufgeführt ist in der Liste die Thrax-Säule unweit von Genf, Seite 243. Sie liegt knapp jenseits der Landesgrenze in Prévessin, Frankreich.

Aargau
Angelsachsenstein, Sarmenstorf — 187
Erdmannlistein, Wohlen — 34
Guggehürlistein, Bergdietikon — 169
Heidenhübelstein, Sarmenstorf — 198
Isenlauf-Stein, Bremgarten — 125
Appenzell Ausserrhoden
Chindlistein, Heiden — 141
Appenzell Innerrhoden
Bogartenmannli, Schwende — 250
Basel-Landschaft
Dolmen, Aesch — 46
Glögglifels, Nenzlingen — 264
Jungfernstein, Wenslingen — 133
Basel-Stadt
Joggeli-Findling, Basel — 203
Bern
Achistein, Innertkirchen — 266
Bernstein, Attiswil — 157
Blutstein, Ins — 40

Bottisgrab, Bolligen — 175
Freistein, Attiswil — 156
Grosser Lägerstein, Engstligenalp, Adelboden — 163
Holenstein, Gaicht, Twann — 201
Lithopunkturstein, St. Jodel, Ins — 42
Luegibodenblock, Habkern — 89
Lychleustein, Oberthal — 15
Teufelsburdi, Belp — 237
Teufelsburdi, Jolimont, Gals — 239

Freiburg
Pierrafortscha, Pierrafortscha — 99
Pierre Agassiz, Mont Vully, Lugnorre — 109
Pierre du Dos à l'Âne, Auboranges — 171

Genf
Matronenstein, Genf — 273

Glarus
Aeschenstein, Elm — 18
Gässlistein, Ennenda — 71
Schlattstein, Netstal — 191

Graubünden
Felszeichnungen, Sils im Domleschg — 262
Galgen, Vicosoprano — 64
Güggelstein, Pany — 200
Parc-la-Mutta-Megalithen, Falera — 139
Pedra Fitta, Sent — 213
Platta da las Strias, Tarasp — 95

Pranger, Vicosoprano — 66
Römersäulen, Julier-Passhöhe — 28
Jura
Fille de Mai, Bourrignon — 271
Pierre Percée, Courgenay — 97
Luzern
Felsentor, Vitznau — 68
Honigstein, Roggliswil — 118
Neuenburg
Grand Devin, Bois du Devens, Gorgier — 137
Lächler, Laténium, Hauterive — 114
Menhir de Combasson, Les Verrières — 151
Menhir de l'Asile, Saint-Aubin — 135
Pierrabot, Neuenburg — 179
Nidwalden
Kabisstein, Ennetmoos — 92
Obwalden
Gnagistein, Mörlialp, Giswil — 9
Schaffhausen
Jakobsfelsen, Merishausen — 132
Roderichstein, Gennersbrunn, Schaffhausen — 129
Schwarzer Stein, Bargen — 245
Schwyz
Calame-Stein, Morschach — 62
Dreiländerstein, Feusisberg — 116
Druidenstein, Morschach — 57

Solothurn
Grosse Fluh, Steinhof — 85
Ravellenfluh-Schalenstein, Oensingen — 221
Schildchrott, Feldbrunnen-St. Niklaus — 81
Sühnekreuz, Bei den Weihern, Riedholz — 13
St. Gallen
Hotzes Stein, Schänis — 123
Menhir von Neuhaus, Eschenbach — 230
Tessin
Lepontisch-ligurische Grabsteine, Aranno — 260
Sasso del Diavolo, Sala Capriasca — 228
Thurgau
Grauer Stein, Ermatingen — 226
Grosser Stein, Kreuzlingen — 255
Uri
Schifflistein, Erstfeld — 79
Schillerstein, Seelisberg — 235
Teufelsstein, Göschenen — 247
Waadt
Alignement, Lutry — 209
Alignement von Clendy, Yverdon — 20
Dolmen von Praz Berthoud, Onnens — 211
Menhir in den Reben, Bonvillars — 30
Menhir, Les Echatelards, Grandson — 251
Menhir-Viereck, Corcelles-près-Concise — 47
Pierre à Cambot, Romanel-sur-Lausanne — 185

Pierre à Mille Trous, Burtigny — 196
Pierre du Dos à l'Âne, Essertes — 171
Pierre Féline, Crans-près-Céligny — 44
Pierre Pendue, Cuarnens — 207
Wallis
Blauer Stein, Visp — 38
Mörderstein, Pfynwald, Salgesch — 25
Nekropole Petit-Chasseur, Sitten — 165
Pierre Bergère, Salvan — 10
Pierre des Marmettes, Monthey — 258
Pierre des Sauvages, Saint-Luc — 111
Pyramiden, Euseigne — 183
Quille du Diable, Conthey / Savièse — 217
Zug
Dreiländerstein, Oberägeri — 116
Meinradsstein, Allenwinden — 147
Zürich
Alexanderstein, Küsnacht — 153
Chindlistein, Hüttikon — 146
Dreiländerstein, Hütten — 116
Escherblock, Zürich — 105
Heer-Gedenkstein, Winterthur — 103
Masséna-Gedenkstein, Dietikon — 55
Megalithmauern, Mettmenstetten — 51
Milchsuppenstein, Ebertswil — 223
Okenstein, Egg — 167

Pflugstein, Herrliberg — 74
Pulverturmstein, Grossmünster, Zürich — 219
Rembrigwald-Lochstein, Mettmenstetten — 53
Tellsockel, Lindenhof, Zürich — 101
Wetzwiler Schalenstein, Herrliberg — 77

Index alphabetisch

Achistein, Innertkirchen BE — 266
Aeschenstein, Elm GL — 18
Alexanderstein, Küsnacht ZH — 153
Alignement, Lutry VD — 209
Alignement von Clendy, Yverdon VD — 20
Angelsachsenstein, Sarmenstorf AG — 187
Bernstein, Attiswil BE — 157
Blauer Stein, Visp VS — 38
Blutstein, Ins BE — 40
Bogartenmannli, Schwende AI — 250
Bottisgrab, Bolligen BE — 175
Calame-Stein, Morschach SZ — 62
Chindlistein, Heiden AR — 141
Chindlistein, Hüttikon ZH — 146
Dolmen, Aesch BL — 46
Dolmen von Praz Berthoud, Onnens VD — 211
Dreiländerstein, SZ/ZG/ZH — 116
Druidenstein, Morschach SZ — 57
Erdmannlistein, Wohlen AG — 34
Escherblock, Zürich ZH — 105
Felsentor, Vitznau LU — 68
Felszeichnungen, Sils im Domleschg GR — 262
Fille de Mai, Bourrignon JU — 271
Freistein, Attiswil BE — 156

Galgen, Vicosoprano GR — 64
Gässlistein, Ennenda GL — 71
Glögglifels, Nenzlingen BL — 264
Gnagistein, Mörlialp, Giswil OW — 9
Grand Devin, Bois du Devens, Gorgier NE — 137
Grauer Stein, Ermatingen TG — 226
Grosse Fluh, Steinhof SO — 85
Grosser Lägerstein, Adelboden BE — 163
Grosser Stein, Kreuzlingen TG — 255
Guggehürlistein, Bergdietikon AG — 169
Güggelstein, Pany GR — 200
Heer-Gedenkstein, Winterthur ZH — 103
Heidenhübelstein, Sarmenstorf AG — 198
Holenstein, Gaicht, Twann BE — 201
Honigstein, Roggliswil LU — 118
Hotzes Stein, Schänis SG — 123
Isenlauf-Stein, Bremgarten AG — 125
Jakobsfelsen, Merishausen SH — 132
Joggeli-Findling, Basel BS/Münchenstein BL — 203
Jungfernstein, Wenslingen BL — 133
Kabisstein, Ennetmoos NW — 92
Lächler, Laténium, Hauterive NE — 114
Lepontisch-ligurische Grabsteine, Aranno TI — 260
Lithopunkturstein, Ins BE — 42
Luegibodenblock, Habkern BE — 89
Lychleustein, Oberthal BE — 15

Masséna-Gedenkstein, Dietikon ZH — 55
Matronenstein, Genf GE — 273
Megalithmauern, Mettmenstetten ZH — 51
Meinradsstein, Allenwinden ZG — 147
Menhir de Combasson, Les Verrières NE — 151
Menhir de l'Asile, Saint-Aubin NE — 135
Menhir in den Reben, Bonvillars VD — 30
Menhir, Les Echatelards, Grandson VD — 251
Menhir-Viereck, Corcelles-près-Concise VD — 47
Menhir von Neuhaus, Eschenbach SG — 230
Milchsuppenstein, Ebertswil ZH — 223
Mörderstein, Pfynwald, Salgesch VS — 25
Nekropole Petit-Chasseur, Sitten VS — 165
Okenstein, Egg ZH — 167
Parc-la-Mutta-Megalithen, Falera GR — 139
Pedra Fitta, Sent GR — 213
Pflugstein, Herrliberg ZH — 74
Pierrabot, Neuenburg NE — 179
Pierrafortscha, Pierrafortscha FR — 99
Pierre à Cambot, Romanel-sur-Lausanne VD — 185
Pierre Agassiz, Mont Vully, Lugnorre FR — 109
Pierre à Mille Trous, Burtigny VD — 196
Pierre Bergère, Salvan VS — 10
Pierre des Marmettes, Monthey VS — 258
Pierre des Sauvages, Saint-Luc VS — 111
Pierre du Dos à l'Âne, FR/VD — 171

Pierre Féline, Crans-près-Céligny VD — 44
Pierre Pendue, Cuarnens VD — 207
Pierre Percée, Courgenay JU — 97
Platta da las Strias, Tarasp GR — 95
Pranger, Vicosoprano GR — 66
Pulverturmstein, Grossmünster, Zürich ZH — 219
Pyramiden, Euseigne VS — 183
Quille du Diable, Conthey / Savièse VS — 217
Ravellenfluh-Schalenstein, Oensingen SO — 221
Rembrigwald-Lochstein ZH — 53
Roderichstein, Gennersbrunn, Schaffhausen SH — 129
Römersäulen, Julier-Passhöhe GR — 28
Sasso del Diavolo, Sala Capriasca TI — 228
Schifflistein, Erstfeld UR — 79
Schildchrott, Feldbrunnen-St. Niklaus SO — 81
Schillerstein, Seelisberg UR — 235
Schlattstein, Netstal GL — 191
Schwarzer Stein, Bargen SH — 245
Sühnekreuz, Bei den Weihern, Riedholz SO — 13
Tellsockel, Lindenhof, Zürich ZH — 101
Teufelsburdi, Belp BE — 237
Teufelsburdi, Jolimont, Gals BE — 239
Teufelsstein, Göschenen UR — 247
Thrax-Säule, Prévessin F — 243
Wetzwiler Schalenstein, Herrliberg ZH — 77

Echtzeit

Schweizer Wunder
Ausflüge zu kuriosen
und staunenswerten Dingen

Thomas Widmer

Thomas Widmer

Schweizer Wunder

Gebunden, 272 Seiten, bebildert,
27 Franken, 25 Euro.

BERNER ZEITUNG. *Gegen zweihundert kuriose und staunenswerte Perlen abseits bekannter Wanderrouten.*
ST. GALLER TAGBLATT. *Ein Schweiz-Puzzle zum Staunen.*
DIE WELTWOCHE. *Bei Widmer steht nicht die sportliche Herausforderung im Vordergrund, nicht das Erklimmen höchster Berggipfel, sondern der Blick auf das Skurrile, die kleinen Wunder, an denen die meisten Leute vorbeigehen, ohne sie zu sehen.*

www.echtzeit.ch

Zu Fuss

Andacht an der Steilwand
In 52 Wanderungen durchs Jahr

Thomas Widmer

Echtzeit

Thomas Widmer
Die «Zu Fuss»-Trilogie:

Andacht an der Steilwand

Die Nase des Todes

Die verschwundene Seilbahn

Je 52 Wanderungen durchs ganze Jahr
und alle Regionen des Landes,
mit 52 Karten. 34 Franken, 26 Euro.

ANNABELLE. *Die Kolumnen von Thomas Widmer sind literarische Freiluftprotokolle aus allen Ecken, Enden und Höhen der Schweiz.*
ST. GALLER TAGBLATT. *Wer mit Thomas wandert, spürt, dass dieser ein Genusswanderer ist.*
SCHWEIZER FAMILIE. *Wo Widmer hintrat, füllen sich noch Wochen später Postautos und Bergbeizen.*

www.echtzeit.ch

Zu Fuss
Die Nase des Todes
In 52 Wanderungen durchs Jahr

Thomas Widmer

Echtzeit

Zu Fuss
Die verschwundene Seilbahn
In 52 Wanderungen durchs Jahr
Thomas Widmer

Echtzeit

THOMAS WIDMER, Jahrgang 1962, ist studierter Arabist. Nach einem Intermezzo als IKRK-Kriegsdolmetscher wurde er Journalist. Bei der SCHWEIZER FAMILIE schreibt er als Reporter über Kultur und Geschichte, Gesellschaft und Gastronomie, Schweizer Alltag und Landschaft. Zudem hat er über 700 Wanderkolumnen verfasst. Seit 2010 bloggt er täglich übers Wandern auf *widmerwandertweiter.blogspot.com*

GEORG AERNI, Jahrgang 1959, hat sich nach einem Architekturstudium und einer mehrjährigen Tätigkeit als Architekt in den 1990er-Jahren der Fotografie zugewandt.

1. Auflage, 23. April 2019
Copyright © 2019 Echtzeit Verlag GmbH, Basel
Alle Rechte vorbehalten

ISBN 978-3-906807-10-2

Autor: Thomas Widmer
Gestaltung: Müller+Hess, Basel
Fotografien: Georg Aerni
Korrektorat: Birgit Althaler
Druck: CPI – Ebner & Spiegel, Ulm

www.echtzeit.ch